JN198156

# 漂流する資本主義

新たなパラダイムを求めて——現代資本主義全史

アグラリアン資本主義

商業資本主義

産業資本主義

アングロサクソン資本主義

ライン資本主義

日本型資本主義

福祉資本主義

縁故資本主義

金融資本主義

国家資本主義

株主資本主義

ステークホルダー資本主義

インクルーシブ資本主義

グリーン資本主義

太田康夫
Ohta Yasuo

BOW BOOKS

# はじめに

「言っちゃ悪いが、強欲は善である」。米映画監督オリバー・ストーンの映画「ウォールストリート」（1987年）で、俳優のマイケル・ダグラス扮する企業買収家ゴードン・ゲッコーが吐いた資本主義の琴線にふれる名セリフである。

そのモデルは、企業買収と裁定取引で巨万の富を稼いだ金融家アイバン・ボウスキーが、1986年にカリフォルニア大学バークレー校のビジネススクールでの講演で語った「強欲は健全だと思う。強欲であっても、自分に満足することはできる」だった。

ボウスキーはその後インサイダー取引を認め懲役刑をうけたが、強欲はウォール街に蔓延し、それを体現する株主資本主義が米国を、そして世界を席巻する。

米連邦準備制度理事会（FRB）の議長アラン・グリーンスパンが、「設計が不適切なため生じたストック・オプション（株式を買う権利）のインセンティブが、多くの企業経営者の良識を圧倒し、『伝染するほどの強欲』が、ビジネス界を支配していた」と議会で証言していたほどだ。

その強欲が駆り立てた金融機関による住宅金融での過度のリスクテークは、2008年の金融危機へとつながる。危機回避のため公的資金投入や規制強化が実施されたが、それは規制緩和によって民の活力を引き出そうとする米国が目指してきた資本主義とは逆行するものだった。

今、危機を生み出すような強欲を容認してきた株主資本主義を修正すべく、新しいシステムが模索されている。そして、強欲の生みの親とも言えるボウスキーは２０２４年5月に、サンディエゴの自宅でひっそりと亡くなった。強欲文化に見直しの時が告げられているのかもしれない。

＊　＊　＊

私たちが当たり前だと思って受け入れている、資本主義が揺れている。民間の競争が成長をもたらし、それが人々を豊かにするとされていたが、見渡すと格差が広がり、貧しい人が増えているほか、環境の悪化が人々の生活を脅かしている。

振り返ると、およそ３０年前に社会主義を掲げるソ連と資本主義の代表の米国が対立する冷戦が、米国側の勝利で終わった。資本主義一強時代の明るい未来を夢見ながら、ポスト冷戦の秩序と関連してやや国家介入色が強い**ライン資本主義**や、民の活力を最重視し、民営化や規制緩和を促す**アングロサクソン資本主義**などが議論される資本主義ブームが起きた。

その後、資本主義は、民、とりわけその中心である株式会社の在り方をめぐり、利益をあげることこそ本義であるとする**株主資本主義**の考え方が強まっていった。

経済のグローバル化が進むなかで、企業は世界を見渡し、分業体制を組んだり、調達網を構築したりした。利益を求める強い欲望に支えられた資本主義が、民営化や規制緩和などの手法を伴いながら、世界に広がり、多くの国で成長をもたらし、貧しい人の数は大幅に減った。

その反面で、成長には影がつきまとった。米国では企業が利益を求めて、工場を途上国に移した結果、国内で多くの雇用が失われた。職を奪われ貧しくなった労働者と、リストラで利益をあげ報酬を増やした経営者の貧富の格差が広がった。

途上国は資源を先進国企業に売ることで潤った面もあるが、貪欲な先進国企業による資源開発は現地の環境を破壊したり、安価な児童労働を促進したりした。

欠陥が露呈した資本主義の見直しとして、格差の拡大に対しては、従業員や地域にも配慮する**ステークホルダー資本主義**や、貧しい人を取り残さない**インクルーシブ資本主義**が議論されている。環境の悪化に対しては、環境改善に投資して成長を目指す**グリーン資本主義**などが模索されている。再度、資本主義ブームが起きているのだ。

改めて資本主義の現実を見直してみると、不都合な事実に直面する。

成長を求めるのが資本主義の根本だったが、冷戦後、最も高い成長を成し遂げたのは社会主義の枠内で市場の要素を取り入れた中国だった。幸福感の面では、ライン資本主義と社会主義の中間的な体制でもある**福祉資本主義**を目指す北欧が優れている。

株主資本主義は成長をもたらし、とりわけ成長をけん引する情報技術系企業が、寡占を思わせるような力を誇っているが、それが格差拡大や環境悪化を加速させるとともに、あまりに巨大化した企業が民主主義をゆがめる恐れまで指摘されている。

冷戦後、その成長期待にすがろうとアングロサクソン型に資本主義のモデルチェンジを図った日本は、期待した成長を取り戻せないまま、失われた30年に陥った。

2021年に首相に就任した岸田文雄は就任後、「新しい資本主義」を掲げ、人工知能（AI）などに取り組む姿勢を示したが、従来の枠組みの変革には踏み込めないまま、退陣に追い込まれた。24年に後を継いだ石破茂は、岸田の「新しい資本主義」を加速させる考えを示したが、具体策を示さないまま実施した総選挙で大敗した。

今、我々が直面しているのは、この30年、世界で成長をもたらした資本主義が、日本で成長をもたらさなかった事実である。なぜ、成長志向の強いアングロサクソン資本主義が機能しなかったのか、考え直す必要がある。それなしに、欧米で資本主義の見直し議論がなされているからと、同じような議論をしてもあまり意味はない。背伸びして欧米並みのふりをしたり、カッコをつけたりするのではなく、謙虚に敗因を分析し、それに基づく地道な再生への道を模索するしかないのだろう。その一環として、日本が採用すべき資本主義の在り方を見定める必要がある。

筆者は経済ジャーナリストの活動を40年以上続けてきた。最初に外報担当として取材にあたったのは、冷戦時代のアフガニスタンやインドを巡る米ソ対立だった。ベルリンの壁の崩壊直後に駐在したスイスでは、ダボス会議などで冷戦後の経済や資本主義の在り方の議論を追った。東京に戻ってからは、バブルの崩壊に伴う**日本型資本主義**の崩壊と、立て直し策としてのアングロサクソン資本主義をまねた政府の対策などを取材してきた。

国際金融に関しては、株主資本主義の行き過ぎと、その崩壊、さらには立て直しのための金融規制の強化などを取材する過程で、サステナブルな経済作りの動きなどもフォローしてきた。基本的には金融制度を中心に見てきたのだが、それは資本主義の在り方に直結するテーマであり、それによって資本主義の盛衰を深く観察することができた。本書は、そこで観察したさまざまな資本主義を実現しようとする動きの推移をまとめたものである。

第1章では、資本主義の誕生から、社会主義との攻防を経て勝利に至る過程、冷戦後の多様な資本主義の模索などをレビューした。以降は冷戦終了後に目を向け、第2章では日本がバブル崩壊以降、試みた資本主義のモデル転換と、それがうまくいかなかった理由を考察した。

続く第3章では株主利益を最優先する株主資本主義の急拡大と、行き詰まりの経緯を分析した。株主資本主義のもとで起きた格差拡大や環境悪化に対して、資本主義を修正しようとする動きを第4章でフォローしている。第5章は現時点での評価を探ってみた。

国の成長や力は、資本主義の在り方だけで左右されるものではないが、目の前に広がる光景は、多くの人が期待したバラ色の将来が描けずに、漂流する資本主義の姿である。

なお、文章中、敬称は省略した。また、出版に当たってお世話になったBOW&PARTNERS代表の千場弓子さんに心から感謝申し上げます。

# 漂流する資本主義――目次

# 第2章　モデルチェンジに失敗した日本　053

# 第4章 新しい資本主義の模索 ゆがみの修正は可能か 163

# 第5章 不都合な真実

## アングロサクソン一人勝ちの誤算　225

# 第1章 資本主義の時代

「アングロサクソン」「ライン」「福祉」「国家」の競演

資本主義は草創期からコントラバーシャルだった。資本家が労働者を工場で働かせることで生産性は上がったが、労働者は過酷な労働条件に苦しみ、打倒資本主義を目指す社会主義が生まれた。大恐慌で失業者が街にあふれると、労働者を保護する政府の介入が正当化される。戦後は資本主義対社会主義の冷戦時代が続いたが、ソ連の崩壊で社会主義は敗退。勝ち残った資本主義はアングロサクソン型、ライン型など多様なスタイルで、冷戦終了後の枠組みの模索を始める。

# 1 ― 資本主義の成立

## 萌芽期の「アグラリアン資本主義」

資本主義は、広辞苑によると「あらゆる生産手段と生活資料とを資本として所有する有産階級（資本家階級）が、自己の労働力以外に売る物を持たぬ無産階級（労働者階級）から労働力を商品として買い、それの価値と、それを使用して生産した商品の価値との差額（剰余価値）を利益として手に入れる経済の様式を指す」と定義される。

それは、生産手段の私的所有を認め、生産や価格、賃金は国による計画ではなく、市場によって決められるという経済システムで、私有財産、利益動機、市場競争などの考え方が基礎になる。

言葉としての資本主義は、ラテン語の「CAPUT」（牛の頭）に由来し、所有物を指す。それらはかつて物々交換や、金銀貨を介した交換によって取引されていた。

資本主義の萌芽は、封建時代に遡る。その時代は、国王から土地を借りた荘園領主が農民を働かせて穀物などを栽培していたが、農業技術が進歩するに伴って余裕が生まれた農民が、農作業の合間に、商品を生産し、販売する動きが広がっていった。

そうした動きが進んだイングランドの一部地域で、資本主義の萌芽――**アグラリアン・キャピタリズム（農耕社会的資本主義）**――が見られるとの指摘がある。

米国の経済史家のロバート・ブレナーは1976年に、16世紀には荘園領主が小作の農場を没収、統合して大規模化し、それを借り受けた有力な小作が土地を持たない労働者を雇って農場を運営し、そのなかには農業関連商品を作る家内制手工業的な農業工場も含まれていたと指摘。それが近代イングランドの資本主義の草創期の姿だと主張した。

封建制から資本主義への移行に当たり農業の変化を重視するブレナーの議論は、国際貿易の発展が資本家を誕生させ、封建制から資本主義に移行していったとのそれまでの資本主義の歴史への異論であり、資本主義の起源に関する議論を巻き起こした。

16世紀のイングランドに関しては、マルクス主義歴史家のメイクシンズ・ウッドが著書『資本主義の起源』（1999）で分析している。当時、農民の多くが土地を持たない小作人だった。地主は最も高い金額を支払える小作人に土地を貸そうとする一方、小作人は賃貸権を獲得するため、できるだけ生産的に農業を営むよう動機づけられた。そのなかで、成功した小作人は農業資本家となり、失敗した小作人は賃金労働者となり、生活するために労働力を売らなければならなくなったと、指摘している。

英国の農業史家のジェーン・ホイットルは、15世紀から16世紀にかけてのイングランドの田舎を調査し、『農耕社会的資本主義の発展』と題する著書で、当時、資本主義的な要素があったと指摘している。ただ、1580年になっても、農民の支配する土地所有構造から、大規模資本家農場が支配する土地所有構造への大きな転換は起こっていなかったともしている。

この議論は欧州資本主義の歴史的な起源にかかわるものだけに、ブレナー以降、16世紀の英国の詳しい調査や、アグラリアン・キャピタリズムに関するさまざまな研究が精力的に続けられている。

## 羊毛貿易が支えた「商業資本主義」

資本主義の芽生えに関して、比較的古くから議論されてきたのが、**商業資本主義**の考え方である。ドイツの経済学者のヴェルナー・ゾンバルトが1902年に著した『近代資本主義』の中で、貿易の発達に伴って力を持った商人が、**商業資本を蓄積させ資本主義的なシステムが成立**していくと指摘している。

ゾンバルトによると、初期の商業資本主義は9世紀のイスラムで発達し、中世ヨーロッパでは12世紀ごろから始まったとしている。

欧州の例としては、イングランドでの羊毛生産がある。生産が盛んになり、大陸への輸出が増えると、羊毛生産地の近くに都市が形成されるとともに、商業資本が蓄積され、毛織物業が勃興した。

初期のグローバル化とも言える大航海時代の幕開けとともに始まった重商主義の時代には、国際貿易が活発になり、商業資本家階級と労働者階級が誕生することになる。そこでは、生産手段を所有する資本家が、仕事場に手工業者（囲い込み運動などで土地を奪われた農民など）を集め、分業に基づく協業で生産に従事させ、賃金を支払う工場制手工業の仕組みが確立された。

## 綿工業から勃興した「産業資本主義」

商業資本主義の時代は１８世紀末から１９世紀初めにかけて終わりを迎え、**産業資本主義**にとって代わられることになる。

毛織物はイングランドの主要産業だったが、インドから輸入された綿織物の人気が高まっていく。ギルド（商工業者の組合）規制に縛られていた毛織物に比べ、規制のない綿織物の生産が急速に発展していった。

毛織物は工場制手工業で生産されていたのに対し、綿織物は機械技術の革新を受けて、工場に機械を導入し、労働者を雇って大量生産する工場制度が採用され、それによって生産性が格段に向上した。

この綿織物を皮切りにイングランドでは18世紀後半に、いわゆる産業革命が進展する。産業の在り方を変えた技術革新は、紡績・織布など綿工業に必要な機械から、製鉄業などに拡大していく。また、動力源として蒸気機関が生まれ、燃料としての石炭の採掘が活発化。さらに製品を運ぶための蒸気船や蒸気機関車など交通機関が登場する。

産業革命の進展に伴い、綿工業で台頭した産業資本主義が、ほかの産業にも広がっていき、資本主義生産様式を確立させた。

その過程で、資本主義システムの主体は、商人から実業家へと変わり、職人、ギルドの伝統的な手工業技術は衰退した。生産基盤は農業社会から工業社会へと変わり、人口の都市集中が加速する。

## 2 レッセフェールから政府介入容認へ

### 自由主義に基づく近代資本主義の形成

近代になって、「資本主義」という用語が使われ始めるのは18世紀になってから。フランスの政治経済学者アン・ロベール・ジャック・テュルゴーが論文「富の形成と分配についての省察」(1770年)のなかで「資本家(CAPITALISTE)」という言葉を使っている。商品を加工、販売する行為を通じて、必要な物質を受け取る層を「勤勉な給与階級」とし、そのなかに資本家と労働者という区分を設けた。

経済学では、現代資本主義理論はスコットランドの経済学者、アダム・スミスによる『国富論(諸国民の富の性質と原因に関する調査)』(1776年)に遡る。資本を幅広く分析した経済学の古典で、スミスは個人の(運用における)利益追求が、結果的に「見えざる手」に導かれるかのように、全体としての効率的投資を実現し、経済を成長させると主張している。そこでは、経済的な決定を市場の力に任せ、政府の介入は最小限にすべきだと論じている。

19世紀になると産業革命の進展と相まって、産業資本家が主導する自由主義的な傾向が強い資本主義が定着した。

英国では**自由放任主義（レッセフェール）的な色彩の強い古典的自由主義**は、工場法などで最低限の国家による介入を受け入れながらも、第一次世界大戦までは政治理論で中心的な役割を果たし続けた。

欧州では社会主義的な立場から古典的自由主義への反対もあったが、米国では反対がほとんどなかった。そのため、合衆国成立の初期には、自由放任主義に基づき、政府が輸送部門を除いて経済に干渉することには慎重だった。

19世紀後半には、大会社が単一産業を支配することを妨げる法（シャーマン反トラスト法）が制定されるなど、放任色はやや薄まったものの、古典的自由主義は大恐慌まで経済政策の根幹であり続けた。

そうしたなかで、石油のジョン・ロックフェラー、自動車のヘンリー・フォード、鉄鋼のアンドリュー・カーネギー、金融のジョン・ピアポント・モルガンなどが、それぞれの分野で圧倒的な力をつけて、巨大な資産帝国を作り上げていく。政府の自由放任主義のなかで、カルテルやトラスト的な動きによって利益が追及され、それが米国を英国と並ぶ経済大国に押し上げていく。

## 大恐慌で「国の関与」容認路線へ

しかし、第一次世界大戦を機に、貿易障壁によって国際市場が縮小するとともに、金本位制が崩壊し、1929年に大恐慌が起きた。1929年10月にウォール街で株価の大暴落が起きたのをきっかけに、金融破綻が起き、深刻な景気後退に陥り、主要都市は失業者であふれかえった。危機は欧州にも飛び火し、オーストリアの有力銀行クレジット・アンシュタルトの破綻を機に、ドイツでも金融危機が拡大し、世界恐慌に発展する。

そのため多くの国で自由主義色が濃い資本主義は修正され、米国のニューディール政策に代表される国家の介入による政策で経済の建て直しが図られた。

英国の経済学者、ジョン・メイナード・ケインズは1936年の『雇用・利子および貨幣の一般理論』で「有効需要は、市場メカニズムに任せた場合には不足することがあるが、投資の増加が所得の増加量を決めるため、公共事業や減税によって投資を増大させ、有効需要は回復させられる」と主張した。

第二次大戦後、主要国が自由主義色が強い資本主義から一定の国の関与を伴う資本主義に路線を調整し経済成長を取り戻したことから、1930年代に失われた資本主義への信頼は一部回復した。

# 3 資本主義敵視が生み出した社会主義

## 工場の機械を破壊しろ――反産業資本主義の発露

社会主義は、生産手段の社会的所有を土台としている社会体制、およびその実現を目指す運動を指すとされる。社会を重視する考え方自体は古く、例えば私有財産を認めていた古代ギリシャでも「コイノニア」と呼ばれる共同参加やパートナーシップを表す言葉があり、富をほかの国民と分け合う社会行動への参加が促されていた。共同体的な色彩の強い社会では、国の介入的な手法で経済秩序が保たれてきた。

18世紀半ばに英国で産業革命が起きると、新しい生産の場である工場や、燃料源となった石炭の採掘場などで、多くの労働者が働くようになった。

この時期、経済政策は自由主義的な色彩が強く、国家による介入が控えられるなか、権利を持たない労働者が、工場や鉱山などで長時間労働を強制されるなど、さまざまな労働問題が発生する。

また労働者が都市に集中し、マンチェスターなど新興都市が誕生するとともに、都市人口が急増した。しかし、インフラは未整備で、都市では貧困と衛生状態の悪化が社会問題になった。

農村から都市への人口流入が続き、労働者が過剰気味だったこともあって、労働者の立場は弱かった。英国では、1799年に職工の団結を禁じる法律が成立し、雇用主との紛争では労働者側が処罰される事例も目立った。19世紀になると、労働条件が一段と低下したこともあって、ラダイト運動と呼ばれる産業機械の打ち壊し運動が頻発した。それはいわば**反産業資本主義**の発露だった。

そのため英国は1802年に繊維産業における幼年工の就業時間制限などを目的とする工場法を制定している。幼年工の雇用禁止、女性・少年工の労働時間制限、安全・衛生に関する規制などが定められた。

しかし、労働者の権利が十分に守られたとは言いがたく、労働者自らが団結して権利を守ろうと労働組合の設立が広がり、それが労働者の地位の向上を目指した社会主義運動につながっていく。

そうしたなかで、近代的な社会主義の考え方が醸成されていくことになる。社会主義の理論的な創始者と言われるのはフランスの伯爵アンリ・ド・サン＝シモンである。その著作『産業』（1817年）では、国家は産業経営を通して社会問題の解決に専念し、生産と流通は社会的ニーズに基づいて行われ、私有財産は社会全体のニーズに従属するとした。

また、英国の実業家で社会改革家でもあるロバート・オーウェンは、紡績工場の経営者の経験に基づき労働法の必要性を強調したり、貧しい人々を救うための協同主義社会を提案したりするとともに、私有財産制度を批判した。

社会主義という用語は、個人主義と対立する言葉として、フランスの政治経済学者であるピエール・ルルーが1834年に書いたエッセイ『個人主義と社会主義』で、タイトルに用いた。ルルーの思想自体は、内容があいまいで、あまり評価されていないが、用語としての「社会主義」はその後、広く使われるようになる。

## 資本主義打倒への道

経済システムとしての社会主義の概念を定着させたのは経済学者で革命家でもあるカール・マルクスである。産業資本の拡大によって、産業は家内工業の形態から、工場のシステムへと発展し、膨大な数の工場労働者が生み出された。そうした工場労働者の労働条件、生活条件はかなり劣悪で、マルクスはそうした新しい階級が闘争によって資本主義を転覆すると予測した。

マルクスとエンゲルスによる『共産党宣言』（1848年）は「共産主義の際立った特徴は財産一般の廃止ではなく、ブルジョア財産の廃止である」と記している。それを実現するための社会主義制度は、工場や銀行など富を生み出す手段の所有主を、資本家から、社会で富を生み出す賃金労働者（プロレタリアート）に代え、職場の共同所有権を獲得することで達成されると考えた。

1864年、マルクスらの指導によって世界最初の労働者の国際組織である第一インターナショナルが結成され、労働者の団結と解放を呼びかけた。第一インターナショナルは内部の思想対立などで1876年に活動を停止するが、社会主義を目指す運動は1889年創設の第二インターナショナルに受け継がれていく。

第二インターナショナルは第一次世界大戦によって分裂するが、戦争での疲弊が激しくなるなかで、急進主義的な動きが台頭する。ロシアの社会民主労働党が分裂して形成されたレーニン率いる左派のボリシェヴィキが1917年に武装蜂起し、軍事革命委員会が権力を掌握。ボリシェヴィキはプロレタリア独裁体制を確立し、ロシア内戦を経て、1922年にソビエト連邦を成立させた。

ソ連は、農業生産を除くすべての生産手段を国家管理とし、労働者評議会による統治システムを確立した。資本家が牛耳る資本主義では搾取による格差拡大が問題視されたが、ソ連は幅広い教育、男女平等といった当時としては進んだ政策も採用していると主張した。

ソ連の成立は、およそ一世紀にわたって資本主義を批判してきた社会主義の考え方が、初めて国家運営の基本に取り入れられることを意味した。

# 4 資本主義対社会主義の時代

## イデオロギーの優位性を競った冷戦

第二次世界大戦は英国、米国、フランスにソ連、中華民国などを中心とする連合国が、日本、アドルフ・ヒットラーのドイツ、ベニート・ムッソリーニのイタリアを中心とする枢軸国に勝利した。しかし、勝利した連合国側はほどなく、資本主義を標榜する英米、社会主義を選択したソ連が対立し、冷戦の時代に突入する。それは、両陣営が、軍事力と経済イデオロギーで覇を競う構造だった。

戦後まもなくは、主戦場となった欧州から離れ、直接被害を受けなかった米国が圧倒的な経済力を誇り、その力を背景に、マーシャルプラン（欧州復興計画）などで復興に乗り出した。

この時期の米国の資本主義はニューディール（新規まき直し政策）を経て一定の国家介入を伴うものになっていたが、その影響力の世界的な拡大もあり**資本主義の黄金時代**とも形容された。

一方で、ソ連の影響を受けて、社会主義も世界的に拡大した。中国では中国共産党の毛沢東率いる勢力が中華人民共和国を建国し、中華民国は台湾に逃れた。キューバでもフィデル・カストロやチェ・ゲバラなどが武装闘争で親米のバティスタ政権を打倒し、社会主義政権を打ち立てた。

冷戦が世界に広がるなかで、社会主義の北ベトナムと資本主義の南ベトナムが戦うベトナム戦争が起き、南ベトナムを支援する米国が軍事介入した。しかし、ソ連や中国が支援する北ベトナムの抵抗は激しく、米国は戦争の長期化による経済の疲弊などで、戦後、世界経済を支えてきた金を裏付けとするドル基軸体制の放棄に追い込まれる。

## ソ連崩壊で社会主義は敗北

ソ連は私有財産を否定する社会主義計画経済体制を取り、1970年代までは一定の成長を確保できた。しかし1980年代になると、主要輸出品である原油の価格が低迷し経済状況が悪化した。79年に始まったアフガニスタンへの軍事侵攻が長期化するなか、米国の大統領、ロナルド・レーガンが打ち出したスターウォーズ構想に対抗するなど軍拡に走り、その負担が経済を押し潰した。軍備拡大にはそれを支える経済力が必要になるが、ソ連の社会主義ではそれを計画し切れなかった。また、社会主義の結果、平等が行き過ぎて、個人の勤労意欲が著しく低下した弊害も指摘されている。

1980年代末には、首都のモスクワでモノ不足が深刻になる。食料品店の棚は空きが目立ち、買えるものはジャガイモ、玉ネギ、ハムとパンくらい、それも購入のための長蛇の列ができ、1、2時間待ちは当たり前だった。日本企業ではモスクワ支店の駐在員の生活を支えるため、ロンドンやウィーンから出張で食品を届けるといった光景も見られた。

共産主義圏のブルガリアで育った国際通貨基金（IMF）の専務理事クリスタリナ・ゲオルギエヴァは「私は共産主義世界で育った。今から考えると、当時は冷酷な場所だった。教育は無料で、女性も勉強や仕事ができ、基本的な医療制度もあったが、全体的に鉄のカーテンの向こう側での生活は質素で抑圧的だった。中央計画は失敗する運命にあった実験だったと、自信を持って言える。党員が国民の貯蓄の分配方法を決定するシステムは、西側の企業家精神に太刀打ちできなかった。まずソビエト体制はうめき声をあげ、そして崩壊した」と振り返っている。

ソ連の崩壊は、人々の生活を維持するために欠かせない経済システムは資本主義しかないことを世界に印象付けた。社会主義は敗退し、資本主義の勝利が確定したと受け止められた。

# 5 一強の資本主義の多様な道

## ポスト冷戦の不安と期待

筆者は、1990年秋から3年間、スイスに駐在し、シンクタンクの世界経済フォーラム（WEF）がスキーリゾートのダボスで開く年次総会（ダボス会議）や、北東部の都市、ザンクト・ガレンで開かれる経営問題の有力フォーラムである国際経営シンポジウム（ザンクト・ガレン・シンポジウム）などを取材した。

当時のダボス会議は特定の政策を推進するのではなく、スイスの中立の立場を利用して西側からも東側からも有力者を招き、世界の懸案を議論して、解決策を模索しようとの傾向が強かった。

一方、国際経営シンポジウムは、欧州の金融界に多数のOBを輩出するザンクト・ガレン大学の学生団体が主催する、時事問題を経営の視点から議論する会議で、高い評価を得ていた。

そうした国際会議の参加者の関心事は、冷戦後の経済体制の行方だった。社会主義の代表格のソ連が崩壊したのは事実で、理屈上は資本主義の一人勝ちである。しかし、資本主義の雄である米国も貯蓄貸付組合（S&L）危機の影響などで万全ではなく、多くの人々は冷戦後の世界に確信が持てないでいた。

1991年5月のザンクト・ガレン会議でカナダ・マギル大学教授のヘンリー・ミンツバーグは「東欧の中と東欧からの学び」と題する講演のなかで、「米国で人気のある、社会主義に対する資本主義の勝利を喜ぶのは危険だ。西側で勝ったのは自由市場ではない。バランスがインバランスに勝ったのだ。西側は権力を官と民に分散配分したが、東欧は権力を中央政府に集中させた。もちろん部分的には開かれた市場もあったが、バランスがとれるほど私有財産に基づくシステムではなかった。フリードマンに受け入れられる企業の法による管理だけでは十分ではない。国家管理から民間企業までの力を折衷してバランスさせることが必要だ。西側の成功の理由を誤解するべきではない」と、安易な資本主義勝利論に警鐘を鳴らしていた。

当時、期待と動揺が入り混じっていたのが東欧諸国である。戦後、ソ連の影響が強い東側社会主義圏に属していたが、ソ連が崩れていき、新しい道を選ばざるを得なくなった。

とはいえ体制移行が簡単でないのも事実だった。1989年から1991年までの3年間で、ブルガリア経済の3割、ルーマニア、チェコスロバキア経済の2割以上が失われ、1992年も5%前後のマイナス成長が予想されていた。

市場経済的な体制導入を模索し始めたものの、モノ不足のなかで市場のシステムを導入すれば、激しい物価上昇に見舞われる。例えばハンガリーでは、政府の官僚や銀行家などが、物価上昇率が3割近くにのぼり長期資金の借り入れが困難で開発がままならない、と嘆いていた。

1992年1月のダボス会議に出席したチェコスロバキア大統領のヴァーツラフ・ハヴェルは「社会主義は武力によって敗れたわけではなく、生活、人の精神、良識、操作されることへの抵抗によって敗れた。我々は単に社会、経済を管理する新しくて良い手法を探すだけでなく、我々の振る舞い自体を根本的に変えなくてはならない」と訴えていた。

同じ会議に出席していた英国の皇太子（現国王）チャールズは「ひとつは冷戦を終わらせること。もうひとつは、その成功をすべての人の良い生活に結びつける必要な調整をすることが大切だ。西側文明が基礎としている自由な市場構造が、ほかの選択肢より人類に貢献した。それを、中東欧に復活した民主主義国家が採用しようとしており、その成功に関心を寄せている」と、東欧の民主化にエールを送った。

時間の経過とともに、欧米の経済界では、資本主義の勝利によって、ビジネスチャンスが広がっていくとの受け止めが有力になっていった。

1992年5月のザンクト・ガレン会議で、欧州の有力企業で構成するUNICE（現ビジネス・ヨーロッパ）の代表カルロス・フェラ―は「冷戦終結とともに、社会主義対資本主義の戦いはもはやアジェンダにはない。旧ソ連と東欧で社会主義の中央計画経済は完全に失敗した。市場経済と私的所有権に基づく、民主的な多元主義が、人々に繁栄と成長を提供できる最も成功したフォーミュラである。そうした世界では、企業のCEOが中心的な役割を担い、企業に対してだけでなく、社会に対しても責任を負っている」と強調していた。

ダボスやザンクト・ガレンに集まった東欧の関係者たちが、どういう形で資本主義の体制に変えて行くかを話し合う際に、よく話題になっていたのが、フランスのミッシェル・アルベールが1991年に出版した『資本主義対資本主義』という本で、「共産主義は崩壊した。資本主義は、現在は勝利を収めているが、脅威ともなっている。一方では、個人の業績と短期的な利益に基づく『ネオアメリカ』（アングロサクソン）モデルがあり、もう一方ではスイス、ドイツ、ベネルクス三国、北欧、そして一部は日本が採用する、集団的な成果と国民の合意が長期的な成功の鍵とみなされる『ライン』モデルがある。相反する形態の資本主義の闘争の結果は、社会のあらゆるレベルの生活の質に影響を与える可能性がある」と指摘していた。

国の歴史や文化を踏まえたうえで、どういう資本主義を選択すれば成長を勝ち取れるのかが、真剣に議論されていた。

## 市場重視の「アングロサクソン資本主義」

社会主義の国の崩壊はまさに、一強になった資本主義の在り方を議論するきっかけとなり、1990年代なかばにかけてさまざまな資本主義論が展開されることになる。そのなかで、中心的な位置を占めていたのが、共和党の大統領、ロナルド・レーガンの米国と、中道右派である保守党の首相、マーガレット・サッチャーの英国に代表される**アングロサクソン資本主義**だった。

第二次世界大戦後、米国はケインズの大きな政府の考え方をベースにした経済政策を遂行し成果を上げたが、ベトナム戦争の長期化による疲弊、オイルショックによる物価高騰などを経て、1970年代には、景気後退下の物価高（スタグフレーション）に陥った。

経済学界ではシカゴ大学の学者たち（シカゴ学派）が、停滞から脱出するため経済のフレームワークの転換を唱え始めていた。彼らは、インフレ抑制の成否は、マネーサプライ（通貨供給）を管理することにかかっており、その目標達成には市場が最も効率的であると主張していた。

また、市場を重視するなかで競争秩序を保つため、独占を防ぐことや、安定した通貨の枠組み、また競争の結果としての痛みの軽減が重要で、その手段として限定的な国家介入は必要との立場を取っていた。

国家の機能を最小限にとどめることに関連して、社会的価値として自由が重んじられた。公共政策については、公共サービスの民営化、規制緩和、政府の財政赤字の削減、公共事業への支出の削減が志向された。

当時、実際の経済運営は窮地に陥っていた。民主党大統領、ジミー・カーターの下、米国は貿易収支の赤字だけでなく、経常収支も赤字に陥り、ドル安が進んだ。看過できなくなったため、

１９７８年１１月に、公定歩合の１％引き上げ、日独との為替介入の強化、国際通貨基金（ＩＭＦ）からの３００億ドルの介入資金の調達を柱とする包括経済政策の実施に追い込まれる。ドルは急速に値を戻したが、ＩＭＦからの資金調達は事実上、救済を受ける措置であり、米国にとって屈辱的と批判された。外交面ではイランの米大使館員が人質に取られる事件もあって、カーターの米国は落日感を強めていた。

そうしたなかで大統領選に勝利した共和党のロナルド・レーガンは、レーガノミクスと呼ばれた経済政策で、経済の再生を図ろうとした。新しい政策は、①強い米国のための国防支出拡大　②経済の供給サイド強化のための企業・個人減税　③マネーサプライの伸び率を徐々に低下させていくことによるインフレ抑制　④規制緩和による市場メカニズムの活用――が柱だった。

米国は１９８３年には、戦後最悪とも言われた不況を抜け出したが、その要因は、減税と金融緩和（１９８２年7月以降に実施した5回の利下げ）の組み合わせによって消費が拡大したことが大きく、必ずしもレーガノミクスが決定打となったわけではない。

しかし、減税と規制緩和は、シカゴ学派が主張していた新しい経済のフレームワークに合致するものであり、それを含むレーガノミクスは戦後続いてきたケインズの大きな政府の考えを引きずった経済政策からの転換と見られた。

一方、ほぼ同じ時期に英国でも経済システムの大きな転換が図られた。

第二次世界大戦後の英国では、米国のニューディール政策などが成功例と捉えられ、大きな政府を標榜し、ケインズ経済学に基づく総需要管理政策、「ゆりかごから墓場まで」と言われた高福祉政策、主要産業の国有化政策などをとってきた。

しかし、英国産業の国際競争力が低下するなかで、高福祉政策は労働者の勤労意欲の低下と、財政赤字の拡大をもたらした。７０年代半ばにはスタグフレーションに陥ったが、政府は有効な手立てを講じることができず、７６年には英ポンドに対する市場の信認が崩れた。政府はポンド買い介入などを実施したが、その結果、外貨準備が枯渇し、ＩＭＦに対する３９億ドルの緊急支援申請に追い込まれ、財政赤字の縮小などを条件に支援を受けた。

先進国が初めてＩＭＦ支援を受けるのは屈辱的なことで、条件となる改革への労働組合などからの反発もあり労働党のジェームズ・キャラハン政権は総選挙で敗北する。

代わって登場したのがマーガレット・サッチャー率いる保守党政権である。サッチャーは危機の原因となった社会民主主義的なモデルに基づく政策を縮小し、市場化、民営化の考え方を取り入れることで、「英国病」とまで酷評された社会の転換を図った。

具体的には「ビッグバン（金融大改革）」と呼ばれる金融部門の規制緩和策として、売買手数料の自由化、株式取引税の引き下げ、取引所会員権の開放、取引所集中義務の撤廃などを断行した。

これによって英国のブローカーが次々に外資に買収されることになったものの、規制色の残るニューヨークから自由度が増したロンドンに金融取引が流れてきて市場が拡大する。ロンドンは為替などで世界一の市場の地位を築き、市場メカニズムを活用した経済活性化に成功した。

英国と米国で採用された経済システムは、**アングロサクソン資本主義**と捉えられるようになる。そこでは、小さな政府が目指され、国レベルでは税率が低くなる。規制は緩和され、市場が重視される。また、自己責任が強調され、社会的な安全網は弱くなった。企業は従業員を解雇しやすくなった。

レーガン、サッチャーの経済政策は、**新自由主義**の呼称で呼ばれることもある。民営化や緊縮財政を通じて経済における国家の影響力を縮小するなど、市場志向の改革政策を指すのに使用されている。

この用語は日本では、のちにその副作用が顕在化したため、やや否定的なニュアンスで使われることもあるが、欧米ではアングロサクソン資本主義とほぼ同義語として用いられることも少なくない。

## 共同体色の強い「ライン資本主義」

アングロサクソン資本主義に対して、主にドイツなど欧州で採用されていた資本主義のモデルは、欧州を流れる大河であるライン川にちなみ、**ライン資本主義**と呼ばれていた。

**自由市場と社会政策を組み合わせた経済モデル**で、市場内での公正な競争と福祉国家の両立を目指す規制された市場経済と言える。

その起源はドイツでフライブルク学派の創設者とされる経済学者で、『国民経済学の基礎』（1939年）などの著書で知られるワルター・オイケンとされる。

敗戦国、ドイツは主要都市の多くが空襲で破壊され、厳しい状況に追い込まれていた。復興は困難な作業だったが、復興の基本理念をどうするかも難しい問題だった。自由主義は世界的な大恐慌の原因の一つと見られており、それは採用できない。かといって計画経済はヒットラーが取り入れていたこともあり、その手法で再度挑戦しようというわけにもいかない。

そうしたなかで、オイケンは、政府が強い権力を持ち個人の力を奪う計画経済と、誰も経済的に統制する権力を持たない完全競争とのあいだに、別の経済秩序があると考えた。さまざまな権力を持った集団が、価格政策やロビー活動によって、他の市場参加者の経済的自由に干渉できる経済秩序である。これが自由主義に基づく社会的市場経済として発展していくことになる。

このオイケンの考え方に理解を示し、政策に取り入れたのは、連合国に占領された地域の経済政策の責任者で、のちに経済相、首相などを務めたルートヴィヒ・エアハルトで、社会市場経済的な改革を実施した。

当時、ドイツの首相だったコンラート・アデナウアーはエアハルトの考え方を支持し、自由競争の促進と社会政府の責任を融合した新しい経済秩序を志向した。具体的には、従業員の財産形成促進、負担の均等化、補助付き住宅の建設、児童手当導入などを含むもので、それを通じて、自由で有能な個人の成果が、すべての人にとって最高レベルの経済的利益と社会正義を生み出すと考えられた。

国は年金、国民皆保険、失業保険など社会保障の分野に介入（積極的に規制）する。それらは、従業員の拠出、雇用主の拠出、政府の補助金の組み合わせで、賄われる。市場は私有財産、自由な価格形成などの自由市場的な要素を基本とするが、独占禁止法などで、その行き過ぎによる弊害防止が図られた。

民間活力と国家介入を組み合わせて公正な競争を確保し、高い経済成長とインフレの抑制を実現することで、旧西ドイツは「エアハルトの奇跡」などとも呼ばれる復興と成長を成し遂げた。

この社会市場主義的な考え方は、西ドイツの国や社会などの集団の相互の協調を重視する制度・慣行として定着していく。経済の仕組みは業界団体、銀行、大企業、労働組合と国との取り決めと言えるが、それを国の権力で強制するのではなく、多くの部分を共同体的調整に委ねようとした。典型的なのが賃金で、業界全体の複数の雇用主協定によって、資格や地域の差に起因する賃金格差は低く抑えられた。それによって中小企業が熟練工の流出を恐れることなく、安心して職業訓練などに力を入れられる環境を作り上げている。これが長期的な視点でのドイツ企業の技術力の向上に役立ったとされる。

この仕組みを、支えるもう一つの要因は銀行の存在だった。西ドイツは銀行制度に関して銀行業務と証券業務を兼営するユニバーサル・バンキング・モデルを採用していた。企業ファイナンスはその銀行融資を通じて実施される間接金融が主体で、資本市場で株式や債券を発行することで資金を調達する直接金融が主体の米国型の体制とは距離を置いていた。

そのなかで銀行は主要企業に出資したり、融資したりして、株主、貸し手として企業を監視する役割も担った。国が規制などで監視監督する役割の一部を、事実上、銀行が担うガバナンス構造がビルトインされていたのだ。この体制は１９８０年代までは非常に有効に機能した。

ベルリンの壁が崩れた後、資本主義の一つのモデルと考えられたライン資本主義は、まさに社会市場型の運営で発展を成し遂げた西ドイツを理想とする経済システムに他ならなかった。

ライン資本主義と命名したミッシェル・アルベールは、その特徴として「株式市場ではなく銀行によって決定される金融、銀行と企業間の緊密な経済関係、公平な力のバランス」を挙げている。それは**調整市場経済**や、**組織化された資本主義**などとの表現でも呼ばれ、アングロサクソン資本主義とは対置する資本主義の代表的な形態と考えられた。

## 高福祉高負担の「福祉資本主義」――北欧社会民主主義の挑戦

欧州で経済を取材していると、**福祉資本主義**という言葉を聞くことが多い。前述したライン資本主義の一種ではあるが、より国の関与が強く、労働者に与える福利厚生と社会的保護、そして国民皆保険の提供などを特徴としている。北欧諸国が取り入れており、資本主義経済と社会主義的価値観の融合を特徴とする混合経済、または「ハイブリッド」システムなどとも称されている。

この北欧型のモデルの原型は、世界的に恐慌の嵐が吹き荒れた1930年代に築かれている。危機を乗り切るため政府が、経営者と労働組合を巻き込んだ福祉色の強い妥協案をまとめていった。デンマークでは1933年に連立与党の社会民主党、社会自由党と、野党の自由党が「カンスラーガデ協定」を結んでいる。労働者の権利拡大、社会サービス料金の低めの水準での固定、農民への国家補助拡大、通貨クローネ切り下げが柱で、これがデンマークの福祉国家の基礎となった。

スウェーデンでは1938年に、スウエーデン労働組合総連合とスウェーデン雇用者協会が、「サルチオバーデン協定」と呼ばれる労働協定を結んだ。それまで社会的混乱を招くゼネストなど労働争議に一定の規制を導入する一方で、労働者の権利に配慮し、労使協調の道筋をつけた。

ノルウェーでも1930年代に労働組合総連合とノルウェー経営者協会が、労働資本関係に関する基準で合意し、社会調和の基礎が築かれた。

北欧ではスウェーデンの社会民主労働党のように、社会民主主義を掲げる政党が、比較的長い期間にわたり政権を維持し、1930年代の労使合意に基づく政策を遂行していった。将来的には社会主義を志向しながらも、議会制民主主義は堅持する姿勢を貫き、資本主義の枠内で資本主義のもたらす副作用と言える格差や貧困の撲滅が目指された。

自由経済を原則としながらも、その弊害を防ぐために政府が介入する混合経済体制が確立され、所得再配分による貧富の格差是正も徹底された。保険や医療、失業補償などが手厚いほか、学校教育は全額または大部分を政府負担とし、所得や財産に影響されにくい社会を築いた。

冷戦終結時には、北欧モデルはライン資本主義の一種で、より福祉を重視した好ましいモデルと評価されていたが、冷戦終結とともにソ連依存が強かったフィンランドなど北欧経済が大きな打撃を受け、主要銀行が破綻したり、国有化されたりする、大規模金融危機が発生した。

それに対し北欧各国は大胆な政治経済改革を実施し、持続可能な形で福祉資本主義を続ける道を模索した。一例としてスウェーデンを見ると、まず歳出削減による財政改革を進めている。1994年以降、高額所得者への所得税率の引き上げ（時限措置）、インカム課税の強化で、歳入を増やす一方で、児童手当の減額、失業手当の給付率引き下げ、など高福祉の一部を見直し、歳出を抑えた。

社会経済制度改革も並行して進めた。有期雇用に関する規制を緩和したり、賃金上昇率を生産性向上率に連動させたりするなど、労働市場の高コスト体質にメスを入れた。こうした策によって90年代半ば以降に、財政は黒字基調を取り戻している。

経済体制が再構築された北欧各国は、再び福祉国家としての歩を進めている。経済危機の反省もあって、安定的な財政収入に応じた、高い福祉の提供を目標としている。

自由主義経済を前提としているが、国の関与の度合いが非常に高く、国内総生産（GDP）に対する公共支出の割合は、スウェーデン、デンマークで50％を超え、フィンランドも50％に近い。医療と教育はほぼ無料で提供されている。デンマーク、ノルウェー、スウェーデンでは、医療と教育に対する公的支出が先進国でも突出して高くなっている。

そうした高福祉を支えているのが、高負担である。税負担率を見ると、デンマークが約65％、スウェーデンが約50％、フィンランドが約43％などとなっており、日本（28％）、米国（23％）などよりはるかに高くなっている。日本の消費税率は10％だが、北欧ではデンマーク、ノルウェー、スウェーデンが25％、フィンランドが24％となっている。

**典型的な高負担高福祉経済**で国が運営されており、福祉の充実に着目して**福祉資本主義**と呼ばれるが、**ライン資本主義と社会主義の中間に位置付けられる北欧型社会民主主義**とも呼ばれている。

## 市場を取り入れる「国家資本主義」――負けた社会主義の変容

資本主義との戦いに敗れた社会主義の国々は、社会主義体制の修正に乗り出した。

戦後、毛沢東率いる中国共産党が中国本土を制して、中華人民共和国が発足したが、社会主義による国造りは経済的にうまくいかなかった。それどころか、農業や鉄鋼業で高い生産目標を掲げた大躍進政策は厳しいノルマ、人民公社の拡大などが裏目に出て、経済は疲弊した。

経済を立て直すため市場経済を部分的に導入すべきだとの議論も出たが、１９６６年から、資本主義文化を否定し、社会主義文化を創生しようという文化大革命が実施され、経済停滞は深まった。英国の統治下でレッセフェール（自由放任主義）をとる香港が数百万人の人口で、人口規模がその100倍を超える中華人民共和国の6分の1のGDPをたたき出し、社会主義による中央計画経済の落日は隠しようがなかった。

経済の立て直しは、文化大革命で失脚していた鄧小平が復活して、推し進めた。1978年12月の中国共産党の中央委員会の全体会議で、工業、農業、国防、科学技術の四つの現代化が掲げられ、改革開放にかじを切った。

鄧小平はそこで「先富論」と呼ばれる考え方を打ち出した。先に豊かになれる条件を整えたところから豊かになり、その影響で他が豊かになればよいとしたのだ。具体的には、農村部で社会主義を進める集団体制の手段だった人民公社が解体され、農民の経営自主権を認めることで生産意欲向上を目指した。これは事実上の、格差の容認政策である。

効果はてき面だった。比較的豊かな地域で、勤勉に働いて、富を築き、世帯年収が1万元を超える農民が現れ、「万元戸」と呼ばれた。まだ飢えている農民が多いなかで、大金持ちが現れたことになり、結果の平等を目指してきた、それまでの社会主義の転換を明確に印象付けた。

改革路線は上海など沿岸部に設けられた経済特区で進められたが、ある程度予想されていたとはいえ格差の拡大を生み出し、汚職も増えたため、それが学生たちの抗議運動につながった。政府は軍を出動させ、デモ隊を制圧する「天安門事件」が起きて、改革路線は一時歩みを緩める。しかし、1992年に鄧小平が深圳、珠海、上海などを視察し、南巡講話と呼ばれる声明を発表し、改革開放を再び速度を上げて進めることになった。

そのなかで鄧小平は「資本主義にも計画があるため、計画経済は社会主義と同等ではないが、市場経済は資本主義と同等ではなく、社会主義にも市場があり、計画と市場は両方とも経済手段だ。社会主義の本質は、生産力を解放し、生産力を発展させ、搾取を排除し、二極化を排除し、最終的には共通の繁栄を達成することだ」と述べて、社会主義に、発展のための市場という概念を取り入れる考えを強調した。

そのうえで「証券や株式市場は良いものなのか、危険なものなのか、資本主義特有のものなのか、社会主義でも利用できるものなのか。様子を見ることは許されるが、毅然とした態度で試そう。社会主義が資本主義に対して優位性を得たいのであれば、人類社会が生み出したあらゆる文明の成果と、今日の世界のすべての国の現代の社会化された生産法則を反映したあらゆる高度な管理慣行を大胆に吸収し、そこから学ばなければならない」と強調した。

統治の基本は社会主義であるが、そこでは着々と資本主義を特徴づける市場が取り入れられていく。その経緯を見ていくと、1984年に株式発行に関する規定が作られ、株式発行による資金調達が再開され、1985年には最初の証券会社が設立された。そして1990年には上海証券取引所が設けられ、1993年には会社法が制定されている。

ただ、市場に委ねると言っても国の関与は強く残っている。例えば金融面では中央銀行から切り出される形で中国農業銀行など大手銀行が設立され、株式会社に転換したが、最大の株主は国が運営するファンドであり、形態は国営銀行である。銀行のほかインフラや不動産など重要な分野においては、有力企業は国営であることが多く、国の管理下にある。

経済のフレームワークとしては市場メカニズムがビルトインされているため、国家統制色が強い**国家資本主義**と呼ばれることも少なくない。ただ、統治は社会主義のメカニズムで実施されている側面が強いため資本主義との位置づけではなく、**社会主義市場経済**との表現が当てられることもある。表現はさまざまだが、中国は社会主義を資本主義方向に修正した、新しい経済フレームワークの壮大な実験に取り組むことになった。

# 第2章 モデルチェンジに失敗した日本

冷戦終了後の日本は、バブル崩壊後の低迷からの脱出を目指して、高度成長を支えた日本型資本主義から、成長志向の強いアングロサクソン資本主義へと、資本主義のモデルチェンジを試みた。米国からの圧力もあり、アングロサクソン型の特徴とも言える規制緩和、民営化を押し進めた。しかし、弱者への配慮や腐敗防止などが不十分な転換は、労働者の賃金低下などの弊害を伴い、成長は取り戻せないままの「失われた30年」に陥った。

# 1　規律なきアングロサクソン・モデル追及の悲劇

## いらない大手術――ポール・シェアードの異議

冷戦終了後、各国がそれぞれの資本主義で成長を模索するなかで、バブル崩壊に見舞われた日本は、市場を重視するアングロサクソン資本主義を取り入れ経済再生を目指したが、再生は果たせず、経済大国の地位を維持できるのか疑問視されるに至っている。

戦後、日本を経済大国に押し上げた高度成長を支えたのは、企業の系列取引、主取引銀行が企業を支えるメインバンク制、霞が関の役所による指導体制などに支えられた**日本型資本主義**だった。しかし、1980年代後半に資産価格が実態を超えて膨れ上がるバブルが起き、ガバナンス（企業統治）の中核を担ってきた銀行がみずからバブルにまみれ、その挙句にバブルは崩壊する。

経済の立て直しは、米国からの圧力もあって、英米に範を取ったアングロサクソン資本主義の手法を取り入れることになる。時の政府は、規制緩和や民営化の推進を声高に叫んだ。日本の資本主義をモデルチェンジすることで、成長を取り戻そうとしたのだ。

それは、いわば大規模な外科手術であり、リスクが伴う。当時、日本研究家でエコノミストのポール・シェアードが『メインバンク資本主義の危機――ビッグバンで変わる日本型経営』(1997年、東洋経済新報社)のなかで、「日本経済を患者に例えれば、たくさんの医者がいて、日本経済はかなり重い病気にかかっているという。その治療法も、内科による薬の投与ではなく、外科による大手術を要し、そうしなければ日本経済の命はそう長くないというものばかりだ。(日本経済がかかっている)成人病を放置することはよくないが、いらない大手術を施せば、かえって日本経済の命を縮める危険がある。戦後日本に成功をもたらしたこの経済システムに絶縁状をたたきつけ、まったく新しいシステム、たとえば米国のような市場型オープンシステムに移行するという方向に進むのなら、大いに異議を唱えたい」と、警鐘を鳴らしていた。

## 引き出せなかった民の活力

日本にアングロサクソン資本主義のモデルは、馴染んだのだろうか。

アングロサクソン資本主義は、資源の配分は官よりも市場が優れているとの考えのもと、民の競争によって活力を引き出そうとする。うまく機能すれば、前例踏襲、既得権益といった官主導の体制の弊害を排除できると期待された。

そして、民の競争を引き出すため、橋本龍太郎や小泉純一郎といった政治家が主導して、規制緩和を進めた。例えば、人材派遣に関する規制が緩和され、企業は派遣労働者を積極活用することで人件費を削減し、高い利益を手にした。

だが、企業が儲かることがイコール成長につながるわけではない。その資本主義が機能するためには、企業が儲かるだけでなく、そこで働く労働者や地域社会なども利益を享受できる必要がある。GDPの内訳のなかで最も大きいのは個人消費（民間最終消費支出）で、それをうまく刺激しないと成長はもたらされない。規制改革の旗を振る御用学者たちは、企業が儲かれば、その利益が国民にしたたり落ち、消費が上向くという「トリクルダウン」を力説したが、企業は利益を内部留保に回し、トリクルダウンは起きなかった。

また、民を活用するためには、仕事を民に委ねる官の側も、それを請け負う民の側にも、一定の倫理が求められるが、官にも民にも、公平なシステムを支える十分な倫理は存在しなかった。

民の側に関しては日本企業を代表する自動車業界で検査不正が相次ぐなどの問題が起きているのに加え、官に近づくことで受注などを有利に進めようとする動きがあまりに露骨だ。首相が代わると、すぐ囲む会がいくつもでき、そのなかの有力企業が進める事業にゴーサインが出されたり、そこに国の支援が検討されたりする。これは競争が公正に働かない状況を作り出す温床となっている。

官の側も、高級官僚の業界団体への天下りが絶えない。天下り官僚の言い分は、「事情をよく知った自分たちこそ監視役をはたすのに相応しい」というものだが、給与をもらう業界団体の利益の代弁者となり、国益を損ねる恐れがある。

官への影響が大きい政治の世界では、自民党などが政治資金パーティーで個人から資金を集めているが、パーティー券は企業に購入依頼され、事実上の企業献金の温床になっている。その一方で自民党には業界を束ね、政府に政策要求する多数の議員連盟が存在する。政治家がいろいろな業界の意見を吸い上げることは義務でもあるが、名前を出さないで済むパーティー券の購入などと組み合わせられると、ゆがんだ政治的な圧力が公平な競争を妨げかねない。

市場を重視するのは、公正な競争を通じて、よりよい業者を選び、それが結果的に事業効率を上げることにつながるからだが、官と民が癒着してしまえば、期待した市場の機能は発揮できない。米英ではそうした資本主義を的確に機能させるために、さまざまな工夫がなされている。民の監視は、それを担当する役所だけでなく、消費者保護を担う組織によっても実施される。ルール違反した企業への罰金は、驚くべき巨額さだ。しかも、多様な非政府組織（NGO）が、税金の使途などに監視の目を光らせている。

それに対し、日本は、民の動きをしやすくする規制緩和ばかりが先行した。規制緩和を議論する審議会などの組織に民間企業の代表が入り込み、規制緩和の効用はいやというほど聞かされたが、それに伴う副作用の議論はなおざりにされた。米国のような民を監視するシステムが不十分なまま、民主導経済が推進された。そして罰金は昔とあまり変わらない軽さで、腐敗の抑止効果は期待しにくい。

それどころか、自民党の安倍、二階、岸田の3派閥の政治団体でパーティー収入を政治資金収支報告書に記載していない不記載額合計が十数億円にのぼることが発覚。使途が十分には明らかにされなかったため、監視が効かない「裏金問題」として岸田内閣への信認が失われた。代わった石破茂が2024年10月に解散総選挙に踏み切ったが、政治と金が争点になり、裏金問題に関与した候補者46人のうち28人が落選、自民・公明の与党は過半数の議席を失う大敗を喫した。国民が、裏金によって経済の公平性が歪められているとの強い不信感を抱いている実態が浮き彫りになった。

## アフターケアなき無責任転換

通してみると、日本は、アングロサクソン資本主義を目指したものの、弊害防止措置が不十分で、官民ともその資本主義で必要なモラルを欠いたため、成長より私欲が優先されるような、ゆがんだ資本主義に陥ってしまった。

日本型資本主義で働いていた官の規制、銀行による監視などといったガバナンスの構造が崩れたが、それに代わるはずの市場のガバナンス体制が築けなかった。官民は癒着し、権力者に近い企業が優遇される形で競争がゆがみ、結果的に本来のアングロサクソン資本主義が生み出す公正な競争による活力は生まれてこなかった。

資本主義のモデルチェンジは大手術であり、手術はうまくいっているのか、副作用を抑える投薬は必要か、術後の経過は順調かなど、長期にわたり点検し続け、予期しない後遺症が出れば、異なる手法での再手術も求められる。しかし、最初の大手術に伴う利権だけが食い散らかされ、だれも必要なアフターケアをしない無責任転換が放置された。

そしてほぼ30年間、国内総生産（GDP）は低迷を続け、中国、ドイツに抜かれてしまう。非正規化が進み、賃金が抑えられた家計の所得は減少傾向を辿る一方で、労働コストを抑えた企業業績は好転した。企業は経営者の報酬を増やしたが、設備投資ではなく、内部留保を積み上げることに熱心で、経済は再浮上しないまま、「失われた30年」が現出しようとしている。

1980年代、高度成長を遂げた日本に対し、東南アジアの国々は「停滞のアジア」と言われたが、その背景には賄賂と汚職が横行する**縁故資本主義**があった。今の日本を見ていると、日本は日本型資本主義の美点を捨て、アングロサクソン資本主義の悪い面を導入し、縁故資本主義的な体制になったように見える。成長の原動力ではあるが、腐敗につながるリスクもある「強欲」を、うまく制御できなかったのだろう。

そして、かつて縁故資本主義がはびこっていたインドやインドネシアが、体制を改めながら足元に迫っており、早晩、日本は抜かれていく。資本主義のモデル転換に失敗したつけはあまりに大きい。

## 2 日本が恐れられていた日本型資本主義の時代

### 米国との違いを警戒した日本異質論

資本主義のモデル転換の失敗からの再生を考えるのに先立って、その前の体制である日本型資本主義の時代から見ていくことにしよう。

1985年、米国のニューヨーク・タイムズ・マガジン誌に「日本からの危険」と題するコラムが掲載された。筆者のジャーナリスト、セオドア・ハロルド・ホワイトは、「敗戦から40年で日本は巨大になった。工業生産でソ連を抜き、米国に次ぐ世界2位となった。日本の生産が拡大し続ければ、20年後には米国を超える工業力を持つ。我々は歴史の論理と反する事実に直面している。勝ったのは我々ではなく日本ではなかったのか」と、台頭する日本への警戒感をあおった。

第二次世界大戦で敗れた日本は、まず繊維製品、次いでテレビなど家電製品の輸出主導で経済を復興した。1970年代の石油ショックも克服し、輸出の柱をより付加価値の高い自動車や半導体に移しながら、それらの製品を米国に集中豪雨的に輸出した。日本の企業や銀行にシェアを奪われていった米国で危機感が高まるなかで、広がったのが「日本異質論」である。セオドア・ハロルド・ホワイトも日本異質論者だった。

日本異質論の元祖のひとりとされるのは、東アジア政治を専門とし、カリフォルニア大学バークレー校などで活躍していた国際政治学者のチャルマーズ・ジョンソンである。1982年に『通産省（＝現・経済産業省　原題ではMITI）と日本の奇跡』と題する本を著している。チャルマーズ・ジョンソンは日本の経済発展について、労働面では終身雇用、金融面では高い貯蓄水準をもたらした貯蓄推進、政府と産業界の緊密な関係などがカギを握っていたと分析。とりわけ大きな役割を果たしたのが、産業政策の司令塔役を担った通産省だとして、その数十年に及ぶ政策を検証した。

ジョンソンは「最初に工業化に取り組んだ国々は、民間経済活動に重きを置き、当局はそれをうまく機能させるため、競争の確保、消費者の保護に取り組んでいる。これは効率的市場仮説志向といえ、米国が典型だ。それに対し、工業化が遅れた国々では、国自体が工業化を主導しようとする。そうした開発的な計画モデルでは、社会、経済的な目標を定めようとする」と指摘している。後者の典型が日本であり、その役割を担ったのが通産省というわけだ。

当時は西側資本主義陣営と、東側社会主義陣営が対立する冷戦の時代で、日本は資本主義陣営の一員だったが、ジョンソンは日本の経済発展が米国を中心とした自由主義とは異なる価値観に基づいているという印象を米政財界に植え付けた。それは、敵対する社会主義に近い要素を含むと見られ、「日本異質論」として広がっていく。そこで恐れられていたのは、米国などのアングロサクソン資本主義とは相いれない日本型資本主義に他ならなかった。

## 日本型資本主義の正体
## ――ライン資本主義の優等生はたまたステークホルダー資本主義の先駆者？

少なくとも1980年代の末まで、世界では日本の資本主義は成功例と見られていた。高い競争力を持つ企業群が育ち、銀行は欧米勢を凌駕し、東京市場もニューヨークに迫る勢いを誇った。日本の成長を支えてきた資本主義には、規制緩和や市場重視に軸足を置いたアングロサクソン資本主義とは異なる、さまざまな特徴があった。

まず、国の政策運営は、霞が関が主導する中央集権色が強かった。当時は世界に日本の家電メーカーの製品があふれていたが、その背景にはチャルマーズ・ジョンソンが指摘した通り、通産省を司令塔としたエネルギー多消費型の重化学工業から、自動車産業、家電産業、電子産業などの高付加価値組立産業への転換があった。

また、金融については大蔵省（現在は金融庁）が監督官庁として「箸の上げ下げまで指示する」とまで言われた護送船団方式の金融行政を進めていた。大蔵省が銀行破綻を起こさないように厳しく監視しているため、安定した金融システムの下で、大手銀行は株式時価総額で見ると世界の銀行のトップ10の過半を占める勢いだった。米国では競争が重んじられたが、日本では官の影響が及びやすい業界団体内の調整によって、競争を排除したり、制限したりしていた。

米国では、需要と供給の調節を通じた価格発見の機能を備えた市場が重視され、その機能が発揮されやすい資本市場を通した直接金融が柱となっていたが、日本では直接金融の比率は小さく、主流は銀行融資を通じた間接金融だった。日本の都市銀行や長期信用銀行は、融資のほかに、企業との株式の持ち合いで、株主としても企業の経営に関与し、企業を監視する役割を果たした。

また、欧米では企業は市場原理に基づいて、質や機能が同等なら市場で安い部品や原材料を調達するが、日本では系列企業からの調達を優先しがちだった。大手では三菱や住友といった財閥系の企業が系列化し、株式持ち合いや人事交流を通じて、お互いの取引を深めていた。

系列に基づく運営は、一つ一つの取引を見ると市場原理に基づくよりは効率が幾分落ちるかもしれないが、中長期的には、安定した調達が可能となるだけでなく、仲間である系列企業を潤すことができ、グループ全体としての繁栄に寄与すると考えられていた。

企業統治（ガバナンス）に関しては、米国は企業の所有と経営が分離し、経営は情報開示を徹底したうえで市場による監視をうける市場型コーポレートガバナンスが重要な役割を担ったが、日本では企業の所有と経営が明確に分離しているとは言いがたい状況だった。

銀行が持ち合い対象としているような企業においては、銀行が監視役を務めたが、強い発言は控えがちだった。企業から見ると、短期的な利益を迫られることはあまりなく、比較的長いスパンでの競争力維持に取り組めた。もちろん、経営が悪化したときや、基本から外れた経営をしている場合は、銀行が株主として、場合によっては貸し手として、企業経営に注文を付けた。銀行が企業ガバナンスの中心にいたのは間違いない。

労使の関係については、協調路線が志向された。米国では労働組合が産業別に組織され、かなりの影響力を持つ場面もあったが、日本では企業別組合が中心だった。

オイルショック後などは、労働組合が賃上げ幅の拡大を求めて大規模なストを実施することもあったが、その後、銀行などで労組の委員長経験者を役員にするなど取り込みを図る動きもあり、労組の力は抑えられた。

大手企業を中心に終身雇用の制度が採用され、一時解雇（レイオフ）などはほとんど行われなかった。労働者は、最初は低めの賃金だが、年齢を重ねるにつれ昇給する仕組みで、雇用不安はあまり起きなかった。

企業内では所得格差は抑えられ、比較的平等が重んじられた。所得税の最高税率は７０％と、現在の４５％よりはるかに高く、所得の再分配という思想が徹底していた。

１９８０年代初めころは、新入社員の年収は２００万円台半ば程度だったが、社長の年俸は５０００万円前後で、所得格差は２０倍ほどでしかなかった。世界的に見ても格差は小さいと言われていた。

銀行の行動を監督していた大蔵省が最大手銀行の頭取年収を事実上1億円以下に指導していたほか、当時、ホームラン王としてスポーツ界で年俸が高かった王貞治の年俸もなかなか1億円を超えなかった。実力から判断すると数億円でも違和感はないが、儲け過ぎには後ろめたさを感じるような風潮があった。

そうした仕組みがうまくかみ合って、日本は高度成長を経た後、オイルショックをも乗り越え、1980年代には米国を追い上げるまでの力をつけた。間接金融中心で、レイオフがほとんどない点など、**欧州諸国が採用している資本主義（ライン資本主義）に近い、日本型資本主義**が機能していたと評価されている。

実際に成長を支えたのは、経済全体としては戦後、欧米に「追い付き追い越せ」の目標が大きかった。焼け野原から立ち直るには、役所を中心に、民が全面協力し、多少の自己犠牲を伴っても我慢して成長を目指そうとした。それは集団主義的な日本株式会社の姿でもあった。

労働者を、そうした方向に動員することに成功したことも大きい。低賃金や満員電車に押し込まれるひどい仕打ちを甘受していたが、格差が比較的抑えられた社会の中で「まじめに働けば部長になれる」「一戸建ての家が持てる」といった（巨万の富を手にするアメリカン・ドリームに比べて）**ささやかなジャパニーズ・ドリーム**が、勤労意欲を支えていた。

# 3　日本型資本主義の動揺

## バブルの崩壊で崩れた日本型資本主義の均衡

あまりにもうまく機能していた日本型資本主義の下でバブルが発生し、それが行き過ぎて破裂する事態が起きる。株価は1989年末をピークに、不動産も実質1990年（公示地価ベースでは1991年）をピークに大幅下落に転じた。

バブルの発生は、円高誘導を決めたプラザ合意の後の、円高不況を克服するための金融緩和と財政拡張政策がもたらしたものだ。内需拡大が叫ばれ、東京では赤坂にアークヒルズが完成した後、西新宿で東京都庁の新庁舎建設が進み、臨海副都心の開発計画が練られるなど、再開発への期待が日に日に高まっていた。

地方では1987年に制定された総合保養地域整備法（通称、リゾート法）を受けて、宮崎のシーガイア（1994年全面開業）、長崎県・佐世保のハウステンボス（1992年開園）の計画が始動しており、地価が急騰した。

しかし、地価高騰は、庶民の夢だったマイホームの購入を難しくするなど、弊害が目立つようになり、政府は土地対策に動き出す。大蔵省は融資の総量規制で不動産業に流れる銀行融資マネーの蛇口を閉め、日銀は金融引き締めに転じた。日本の発展が永遠に続くかのような期待を織り込んで上がっていた株価、地価は、みるみる下落し、バブルはついえる。

このバブルの生成と崩壊の過程が、日本型資本主義とどれだけ関係していたのかはよくわからない。日本型資本主義でガバナンスの中核を担っていたのは銀行だが、銀行自体が右肩上がりの地価上昇が続くとの前提に立って不動産融資を増やし、バブルをあおっていた。その意味では、外部の市場チェックを受けにくい銀行中心のガバナンス体制に大きな欠点があったという見方も成り立つ。

しかし、市場を通じた監視メカニズムを備えるアングロサクソン資本主義でも、バブルは何度も発生し、何度も崩壊している。銀行による監視を期待するガバナンスの体制だけが悪かったわけではない。

問題の本質は資本主義の形ではなく、恐らくそれを支えていた人々のゆるみだった。膨大な利益をあげていた企業には接待文化がはびこり、深夜の銀座は土産袋を抱えたスーツ姿の高級官僚やバンカーであふれかえっていた。豊かになった若者は、高級ブランド品を買いあさるなど、浪費文化が当たり前の風景になった。都心の優良な土地を巡っては、利益を求めて不動産業者や金融機関が反社会的勢力に頼って地上げする事例まで見られた。タガが外れ、日本型資本主義を支えていた勤労意欲が薄れていった。

バブル崩壊の原因はともかく、その崩壊は日本型資本主義を揺さぶり始める。

まず、企業の余裕が消えた。1993年にサラリーマン社会は、「パイオニア・ショック」に揺れた。音響機器メーカーのパイオニアが、50歳以上の管理職330人のうち、35人に早期退職勧告を出した。

破綻が目前に迫った企業では解雇はやむを得ないと考えられていたが、パイオニアはレーザーディスク戦略がうまくいかず、円高の追い打ちもあったとはいえ、若者にもよく知られた名門メーカー。そんな企業が事実上の指名解雇に踏み切ったことで、日本型資本主義では当たり前と思われていた大手企業の終身雇用に風穴があいた。

パイオニアのケースは業績悪化に押された経営者の暴走との見方もなくはないが、企業経営の足元では日本型資本主義を支えてきた、労使が協調して成長を目指す体制に陰りが生じていたのも事実だ。

## 中曽根行革のツケ——弱体化した労働組合

1982年からおよそ5年間にわたって政権を握った中曽根康弘は行財政改革に注力し、国鉄、電電公社、専売公社の民営化に踏み切った。米レーガン政権、英サッチャー政権が志向していた小さな政府の考え方を真似たもので、国鉄の分割民営化で国鉄労働組合（国労）、国鉄動力車労働組合（動労）は力を削がれた。

民営化には戦後、官僚的発想で行き詰まった体制を転換するという政治信条に基づく部分もあるが、中曽根には労働組合の力を削ぎ、労組を支持母体とする日本社会党を弱体化する狙いもあった。実際、日本社会党はその後、日本の議会に議席を持つ政党としては初めての女性党首、土井たか子のもとで一時的に躍進するが、ブームが去ると支える労組は弱体化しており、勢力は急速に衰えていく。

日本型資本主義を支えていた企業と労組のバランスは、中曽根による国鉄などの民営化によって、労組の力が落ち、企業の力が増していく方向で崩れていく。パイオニア・ショックは、まさにそうしたバランスの変化の中で起きた。

当時、パイオニアへの批判が起き、追随して指名解雇を実施する企業は出てこなかった。しかし、労組が弱体化する中で、経営者の解雇への抵抗は徐々に薄らいでゆき、主に希望退職を募る形での人員削減が当然のように実施される企業社会に代わっていった。

また、資産バブルの崩壊は、**株式持ち合いで日本型資本主義を支えた銀行の経営を直撃**した。当時、大手銀行は経営の健全性を保つための自己資本規制に基づいて、１９９２年から株式の含み益の45%を自己資本に組み入れる予定だった。国際社会では銀行の資本は健全性の支えであり、価格変動に左右されにくい資産で構成するのが常識だった。株式含み益の繰り入れはリスクが高すぎるとするドイツなどの反対を押し切って、日本は含み益算入の権利を勝ち取ったのだが、バブルが崩壊し、銀行には含み損まで生じ、資本不足の恐れが強まっていく。

一方、不動産価格の下落に伴って、建設、不動産などの業種で倒産が増え、銀行の融資資産は貸し倒れが増えていき、95年には兵庫銀行、97年には北海道拓殖銀行が、98年には日本長期信用銀行、日本債券信用銀行が破綻した。

株式持ち合いなどを通じて銀行をガバナンスの中心に位置に組み込んだ日本型資本主義は、中核である銀行がシステムを維持する力を保てず、システム自体が弱体化する。

また銀行の破綻は、大蔵省による厳格な銀行監督で、一行たりとも破綻させない護送船団方式が崩れたことをも意味していた。それは日本型資本主義システムのもうひとつの特徴である**霞が関主導の中央集権体制の行き詰まり**をも象徴していた。

# 4 米国による日本型資本主義への解体圧力

## 日本型資本主義を解剖した議会報告

1990年代になると、日本ではバブル崩壊の傷口が広がりつつあったが、米国では1980年代末にかけ、先鋭化した日本異質論が収まらなかった。それどころか、脅威を抑え込む必要があるとの声に押されるように、米国から日本に対して、経済構造に対する注文が付けられた。

日本でバブルが膨らみ、国をあげて浮かれていたころ、米国では日本脅威論が一段と強まっていた。1989年5月、米アトランティック誌が、ジェームス・ファローズの「日本封じ込め」と題するコラムを掲載した。ファローズは、民主党の大統領、ジミー・カーターのスピーチ・ライターを経て、19世紀半ばに創刊された有力誌のアトランティックに入り、ワシントンの編集者を務める、世論への影響力が大きいジャーナリストだった。

コラムのなかで「米国が重要と考えてきたことに、米国の外交政策を進める権威、最強のビジネス企業が支える米国民の将来、戦後米国がはぐくんできた自由貿易があるが、それらへの脅威は米国内の保護主義からでなく、日本からもたらされる。（中略）米国の目標は開かれた自由貿易主義の確立で、貿易障壁を高くすることではない。日本の微妙で、洗練された社会に対して、我々はあれこれ命令はできないが、日本とは異なる我々の利益と価値を守る権利を持っている」と訴えた。米国流のビジネスと異なる価値観を持った日本を「封じ込めろ」という、強いメッセージだった。

日本に対する警戒論に押されて、米国は異なるビジネスの価値観を持った競争相手である日本の徹底分析に着手した。まず敵を知るところから始め、数多くの専門家からの聞き取りを経て、米議会の合同経済委員会が１９９０年秋に「日本の経済的挑戦」と題する調査報告書を公表する。

報告書は５００ページを超える大部で、経済政策の枠組み、政府とビジネス、金融と投資、人的資源、科学と技術、安全保障と対外援助、国際経済関係の各項目について専門家の分析を載せている。合同委員会の議長、リー・ハミルトンは「日本の経済による挑戦は前例のないものだ。短期間のうちに、世界第2の経済パワーにのし上がり、多くの市場で主要な競争相手となり、そしてアジアの途上国のモデルにまでなっている。米国の生活基準や生活スタイルが大きな影響を受けており、日本がさらに発展すれば、我々の生活が揺らぐ」と、日本への警戒感をあらわにしている。

報告書のなかでは、米商務省のアジア太平洋テクノロジー・プログラムのディレクターだったフィリス・ゲンザーが「日本の政府と企業の関係」を分析し、「関税障壁や非関税障壁をめぐるこれまでの日米通商協議では周辺的にしか扱われてこなかった問題に、日本の政府と企業の関係の複雑さがある。政府と企業の公式な関係は政府の委員会や公聴会といったメカニズムに基づくが、政府官僚、業界幹部、業界団体の日常的な接触という非公式なものもある。企業は献金、ロビー活動、陳情、業界のコンセンサスなどを通じて政府に影響を与えようとしている」と、日本の官民の特殊な構造に注意を呼び掛けている。

また、米国議会調査局経済部日本タスク・フォース責任者、ディック・ナントは「日本の産業グループ——系列」と題する論文で、「多くの産業にまたがる企業のファミリーで構成されている系列は、株式の持ち合いやグループ内調達で結ばれている。経済的に理にかなった長期的な系列関係が間違っているわけではないが、グループのメンバー間の緊密な連携が、独占禁止法に違反したり、米国の輸出業者を排除するような取引を助長したりすることが問題だ。日本企業が米国企業を買収するのは容易なのに、米国企業が日本で同様のことをするのは難しく、多くの米国人の公平感を害する」と、系列批判を展開している。

市場を重視し、透明に物事を進めようとするアングロサクソン資本主義から見ると、日本での官民の阿吽の呼吸や、採算を最重視しない系列取引は、不透明かつ不公正だと指摘しているのだ。それはいわば、日本型資本主義に向けてあげられた「イエローカード」だった。

## ビル・クリントンが求めた「新たな枠組み構築」を受け入れた親米の宮澤喜一

当然の成り行きとして、議会で調べ上げられた危険な日本は変えなければいけないというのが米国の本音であり、実際に日本を変革させるための要求が具体化することになる。

共和党のジョージ・H・W・ブッシュを破って大統領になった民主党のビル・クリントンは、1993年4月にワシントンを訪れた日本の首相、宮澤喜一と会談した。

クリントンは「私は日本の経済的パフォーマンスを尊敬している。日本人は品質の高い製造業における先駆者で、それは勤勉さと社会的協力の上に打ち立てられたものだ」と、まず日本を持ち上げたうえで、「しかし、我々は拡大しつつある日本の経常黒字と貿易黒字について懸念している。米国の企業、製品そして投資家に対する、日本の不十分な市場アクセスについて深く懸念している。高品質の製品を作り出す、米国の労働者が貿易の恩恵の公平なシェアを占めるためには、日本市場がより開かれたものでなければならない。我々は基幹産業における貿易と投資の流れを促進させるため、経済の構造問題とセクター別課題に、日米両国が具体的に対処する新たな枠組みを構築する必要がある」と訴えた。

最初に日本を持ち上げて宮澤の心をくすぐっているが、内容は日本の経済構造が、米国の基幹産業の貿易と投資の流れの障害になっているため、産業のセクター別にまで踏み込んで改めることに、日本として協力しろとの要請だ。

この時期、そもそも米製品が日本で売れなかったのは、日本製品に比べ故障が多く、クリントンが言うような高品質な製品ではなかったことがある。また、自動車などは広大な国土に広い道路を張り巡らした米国で好まれた大型車を、国土が狭く、狭小な道路が多い日本に、そのまま売りつけようとした米メーカーの販売方法に大きな問題があった。

そうした問題を棚に上げて、経済構造が間違っているから改めろといわれれば、通常のプライドを持った国なら、内政干渉だと受け止め抵抗するが、親米で知られた宮澤はクリントンの要望を受け入れる。

両者の合意は1993年7月の、「日米の新たなパートナーシップのための枠組み」としてまとめられ、「この新たな経済関係は、開放的市場、そして極めて重要な世界貿易体制を推進するとの日米共通の利益と責任にしっかりと根差したものでなければならない」「日本は競争力のある外国の製品及びサービスの市場アクセスを増大するという中期的な目的を積極的に追求する」などと念を押された。

## 構造協議がアングロサクソン資本主義への転換迫る

この日米合意に基づいて1994年から日米の経済構造に関する協議（構造協議）が本格化し、そのなかで米国が毎年「日本における規制緩和、行政改革、および競争政策に関する日本政府に対する米国政府の要望書」（2001年以降は「日米規制改革および競争政策イニシアチブに基づく日本国政府への米国政府要望書」）を示すことになる。

要望書にはまず、基本原則として、「規制の広範かつ継続的な見直し」「原則自由、例外規制」「透明性と説明責任の強化」「政府権限の委譲の禁止」「負担とならない地方自治体の規制」「時限規定の導入」「市場メカニズムの奨励」が挙げられている。

基本原則のなかでとりわけ重要とみられるのは、次の項目である。

一つ目は「原則自由、例外規制」で、「存続する規制は、健康、安全、環境の保護、国家安全保障、あるいはごまかしからの消費者保護といった、すでに認められた公共政策の利害と直接かつ密接に関係しているべきである。そうした限定基準を満たさない規制は、改正あるいは廃止されるべきである」と、規制緩和・廃止を強く求めている。

二つ目は「透明性と説明責任の強化」で、「規制は透明性と無差別の原則に基づくべきで、また規制を実施する官吏は、自らの行動を明確に説明する責任を負うべきである。公式、非公式を問わず、すべての規制は書面に明記され、一般に入手可能な形で公布されるべきである」と、不透明な官民癒着を防ぐための透明性の確保を要求している。

三つ目は「政府権限の委譲の禁止」で、「事実上の規制権限を政府系機関および非政府系機関（非営利組織、特殊法人、および事業者団体を含む）に委譲することは、国会が承認した正式かつ透明な権限の委譲に基づかない場合には、厳しく禁止されるべきである」と、業界団体などの自主規制をけん制している。

四つ目は「市場メカニズムの奨励」で、「資源の最良かつ最適配分及び、個々の企業の成否の決定は、積極的かつ効果的な独占禁止施行政策で補完された市場メカニズムによって導かれるべきである。競争を不当に制限する民間の慣行が、公式の規制を代替、補完することは許されるべきではない」と、市場原理の徹底を求めている。

これらはアングロサクソン資本主義を支える基本原則だが、それとは距離を置いてきた日本型資本主義では、重視されてきたとは言いがたい。日本型では、法律や省令といった公式ルートのほかに、口頭指導などが数多く存在し、しかも、その適用に当たっては、担当官のさじ加減次第といった面もあった。また、業界ごとに事業者団体が多くあり、そこに天下りの役人がいて、当局の意向を受けて、規制に近い業界ルールが築かれていた。

それが**官民一体の日本株式会社**を支える一因だったが、規制をする側とされる側が癒着しやすい構造になっており、市場で決まるべき価格が事業者団体によって決められるケースまであった。そうした慣行は、柔軟な対応がしやすいなどの利点があるものの、透明性とはほど遠いシステムだった。米国の要望書は、その不透明な仕組みの縮小・廃止を求めたもので、まさに日本型資本主義の変革要望でもあった。

この要望書の中身を詳しく見ると、具体的な規制緩和の提案として、政府情報への平等なアクセスを一般市民に与える情報公開法の整備、行政手続きの簡素化、審議会などの政府からの独立性の確保、公正取引委員会の強化、独占禁止法の刑事罰執行の強化などといった、基本原則にそったアングロサクソン資本主義で採用されているような重要なポイントがいくつも含まれている。

ただ、それらと並んで、実に細かい項目が、山のように並べられている。例えば1996年の要望書には、「植物検疫に関して事前通関手続きにおける、現地で検査に当たる農林水産相派遣検査官によるお定まり（不必要）かつ過剰な要求の廃止及び派遣検査官数の削減」、「日本での競馬において外国産馬の出走を規制している残存規制の廃止」、「酒類流通事業への参入または営業に障壁となる規制の廃止を目指した規制緩和」、「個別株オプションの上場、店頭株派生商品取引に関する制限の廃止」、「日本水道協会の承認プロセスの迅速化、簡素化と、米国仕様の配管用具及び配管工事の概要認可の確実化」、「外国弁護士による弁護士の採用に関する制限の見直し」、「栄養補給食品、ビタミンそのほかの食品は厚生省業務局の審査対象からの除外」、「向精神薬などの輸入手続きの簡素化による輸入許可申請手続きの遅延の解消」――などが並ぶ。

構造協議では競争力のある米企業の活動が日本の規制で妨げられているため、その規制を見直して、実力に見合った業務ができるように規制緩和を進めることで合意している。それを受けて東京にある米国大使館が、在日米国商工会議所などを通じて、日本に進出している米国企業から要望を吸い上げて、それらをどんどん要望書に盛り込んでいった。

米企業にとってみれば、自分たちの要望が、政府の要望に格上げされる、願ってもないチャンスであり、構造協議を積極利用した面がある。要望を吸い上げたい政府と、伝えたい企業との間に、ロビイストや知日派とされる人々が暗躍し、米業界エゴむき出しの項目も差し込まれた。

こうして、さまざまな要望は、構造協議での米側要望書として日本に示され、日本型資本主義に大きな変革圧力を加えることになった。ただ、業界要望の塊のような規制緩和は、はじめから日本の成長を保証するものではなかった。

## 5　アングロサクソン・モデルの受け入れ 日本型資本主義の転換

### 市場を強調した橋本龍太郎のビッグバン

米国から事実上、アングロサクソン資本主義の採用を促すような要望を突き付けられた日本は、1990年代半ばから、それを受け入れていくことになる。

受け入れた背景には、バブル崩壊以降、日本経済の厳しさが増していったことがある。バブル崩壊で、経済への下押し圧力が強まったのだから、需要を追加して景気浮揚を図ろうと、大規模な公共事業などの経済対策を積み上げていった。そこにあるのは大きな政府の考え方で、宮澤内閣から村山内閣までの経済対策は合計事業規模で66兆円にも上ったが、それでも経済は浮上しなかった。

それどころか、銀行の傷みと相まって、経済は徐々に危機的な様相を強めていったため、政府は別の道を考え始める。海外に目を向ければ、レーガン・サッチャーの経済路線が称賛されていた。レーガンがとったのは、政府の経済活動に対する介入を控え、民間活力の活用を狙うサプライサイド経済への転換だった。

日本でもバブル崩壊で民間企業が傷んでおり、活動を非効率にする規制の緩和や撤廃などによって、経済を立て直せるとの考え方が強まる。日本型での再生努力がうまくいかない以上、路線変更やむなしというわけだ。そして、そのモデルは日本型資本主義を変えさせようと画策する構造協議で示されていた。そうした経緯を経て、構造協議を背景とする、日本型資本主義からアングロサクソン資本主義へのモデルチェンジが始まる。

最初にアングロサクソン資本主義の要素を本格的に取り入れようとしたのは橋本龍太郎である。橋本が進めたことで知られる金融ビッグバン（金融大改革）は、その名が示す通り、英サッチャーがロンドンの金融街シティ活性化のために進めた規制緩和パッケージである「ビッグバン」をモデルにしようとしたもので、その導入は日本型資本主義からアングロサクソン資本主義へのモデルチェンジを印象付けた。

１９９６年１１月、橋本は、２００１年には東京市場をニューヨーク、ロンドン並みの国際市場にすることを目標に、フリー（市場原理が働く自由な市場に）、フェア（透明で信頼できる市場に）、グローバル（国際的で時代を先取りする市場に）の三原則にのっとり市場改革に取り組むよう、首相指示を出したのだ。

それを受けて証券取引審議会、企業会計審議会、金融制度調査会、保険審議会、外国為替等審議会がそれぞれ改革策をまとめ、１９９７年６月に改革全体の内容と取り組みの工程が示された。

その内容は外国為替業務の自由化（外為法改正）、有価証券取引税・取引所税の税率引き下げ、銀行持株会社制度の導入、投資信託商品の多様化、銀行の投信窓販解禁、証券デリバティブの全面解禁、証券会社の免許制から登録制への移行、取引所集中義務の撤廃などが含まれている。

それらは各審議会、調査会の検討結果ということになっているが、内容をよく見ると、首相指示の前年に、米財務長官のロバート・ルービンと、日本の駐米大使、栗山尚一の間で結ばれている市場アクセス改善のため関連法律、規則、行政指導の改革を盛り込んだ「日本国政府及びアメリカ合衆国政府による金融サービスに関する措置」に、よく似た項目が含まれている。資産担保証券や株式関連デリバティブの拡大、証券会社の外為業務解禁、銀行と証券の相互参入拡大などである。「日米の新たなパートナーシップのための枠組みに関する共同声明」に基づき日米構造協議が始まったが、金融サービス分野については全体の構造協議とは別に協議されており、そこに米側の意向が盛り込まれていた。

時系列を追ってみれば、パートナーシップのための枠組みを受けて、金融サービスに関する日米協議で自由化提案が出され、それを受けて橋本首相がビッグバンに着手し、米の要望にかなりそった形で審議会、調査会などが改革プランをまとめたものが日本版金融ビッグバンであり、それは米国の意向を強く受けて、経済のベースである金融を日本型から米国型に変えることを意味していた。

## 橋本行革が示した「行政の過剰介入」への根本的反省

橋本龍太郎の改革はビッグバンの名称が訴求力を持ったため、金融改革が注目されがちだが、実はほかに、行政改革、財政構造改革、社会保障構造改革、経済構造改革、教育改革と合わせて六つの改革を進めようとしていた。

そのなかで注目されるのは、行政改革である。結果的に、中央省庁を1府22省庁から、1府12省庁に再編した。それまで金融財政機能をつかさどり大きな権力を有してきた大蔵省を財務省と金融庁に分割するとともに、都道府県を強力に統括してきた自治省を単独では存続させず、郵政省、総務庁と統合し総務省としている。

重要なのは、そこで目指されたものだ。行政改革会議が設けられ、それまでの体制については、「長年にわたる効率的かつ模倣的な産業社会の追求の結果、この国はさまざまな国家規制や因習・慣行で覆われ、社会は著しく画一化・固定化されてしまっているように思える。われわれは、敗戦の廃墟のなかから立ち上がり、経済的に豊かな社会を追求する過程で、知らず知らずに、実は新たな国家総動員体制を作りあげたのではなかったか。まず何よりも、国民の統治客体意識、行政への依存体質を背景に、行政が国民生活のさまざまな分野に過剰に介入していなかったかに、根本的反省を加える必要がある」との認識を示している。

そのうえで、「徹底的な規制の撤廃と緩和を断行し、民間にゆだねるべきはゆだね、また、地方公共団体の行う地方自治への国の関与を減らさなければならない。公共性の空間は、決して中央の『官』の独占物ではないということを、改革の最も基本的な前提として再認識しなければならない」と強調している。

そこで示されたのは、それまでの体制は国家が過剰介入しており、それを、民を重視したシステムに転換しようという基本理念である。それはまさしく官主導で民を巻き込む日本型資本主義を、規制緩和によって民主導の新システム――アングロサクソン資本主義――に作り替えようとする姿である。その後、政権が代わると国による事業を拡大するような動きが見られることもあったが、国の政策の基本的な在り方は橋本改革で示された方向にそって動いていくことになる。

## 官業は民業の補完――国営郵貯を潰した小泉改革

橋本龍太郎によって着手された経済のフレームワークのアングロサクソン型への転換は、その後の小渕、森政権で景気回復を優先したため停滞したが、後を継いだ小泉純一郎によって再加速される。

小泉は自民党のなかでは「変人」と見られてきた。福田赳夫が興した派閥、清和会に所属していたものの、一匹狼的な行動をとりがちだったのに加え、主張する政策は自民党が取ってきた「官」主導とはかなり異なっていたからだ。

郵政相に就任したのを受けた国会（1993年）で、「郵貯のみならず郵政事業、もしこれから民営化の可能性があるならば、それも検討していけばいいじゃないか」「自由経済、市場経済の活力を生み出すためにも、民間の活力を発揮できるような体制を整えることが重要で、官業は民業の補完であるべきだ」と答弁している。当時、欧米で有力になっていた「市場重視」や「規制緩和」などによって経済を活性化させるという考え方を早くから志向していたのだ。もともとアングロサクソン資本主義志向が強かったと言える。

そして小泉は2001年4月の自民党総裁選挙で、「自民党をぶっ壊す」などのスローガンを掲げ圧勝し、首相として「構造改革なくして景気回復なし」などと訴え、改革路線を推し進めた。改革ではかねての持論である「官から民へ」の流れを通じて小さな政府を目指し、その本丸に「郵政三事業の民営化」を位置付けた。郵政の民営化に対しては自民党内の反対が激しかったが、2005年に郵政民営化の是非を焦点に踏み切った解散総選挙（いわゆる郵政解散）で圧勝し、郵政公社は日本郵政株式会社の傘下に郵便事業、郵便局、かんぽ生命保険、ゆうちょ銀行の四つの株式会社がぶらさがる形に民営化された。

小泉の民営化は郵政民営化の印象が強いが、ほかにも道路関連四公団（日本道路公団、首都高速道路公団、阪神高速道路公団、本州四国連絡橋公団）の民営化や、日本政策投資銀行、商工組合中央金庫の民営化、国民生活金融公庫、中小企業金融公庫、国際協力銀行など5機関の統合（日本政策金融公庫）など政策金融も改革した。

道路公団の民営化については、予算1兆円削減の数合わせ的に実施された政治ショーの側面があり、その効果が大きいとは言えないものの、一連の民営化で、国営、準国営の機関の経営形態が変えられることで、国による介入が以前よりは抑えられる形になった。

## 小さな政府に副作用も――小泉が呼びかけた「痛みに耐えて」

小泉の民営化の根底にあったのは小さな政府志向である。その象徴として手を付けたのが、公共事業の削減だった。

就任した2001年の公共事業関連費は当初予算9・4兆円、補正予算1・9兆円の合計11・4兆円だったが、2006年には当初予算7・2兆円、補正予算0・6兆円の合計7・8兆円まで減らしている。政府の事業で景気対策を行う大きな政府からの転換を印象付けた。

公共事業費の削減の流れは、その後の自民党政権、民主党政権でも続けられ、2011年に当初予算5兆円、補正予算0・3兆円の合計5・3兆円まで減っている。

小さな政府の考え方で、国の関与で景気浮揚を目指す公共事業を削減することで生じる景気の下押し圧力を打ち返すための手法は、規制緩和によって民間活力を引き出すことによる景気浮揚である。

小泉が、経済の活性化を妨げていたと見られる規制を緩和していったのは事実だ。

・会社法が改正され、株式会社の最低資本金が一円からに引き下げられたため、株式会社設立が容易になった。農地法が改正され、株式会社による農地経営が解禁された。

・新規参入を阻んでいると批判されてきた需給調整規制が、銀行法（新規銀行免許付与）、卸売市場法（開設許可）などで廃止された。

・労働者派遣法を改定し、製造業と医療業務への派遣を条件付きながら解禁するとともに、専門性の高い２６の業種については派遣期間を3年から無制限に伸ばした。

小泉は高い支持率を背景に、世論を巻き込んで小さな政府を目指して規制緩和することが正義であるといった雰囲気を作り出すことに成功し、規制緩和の項目数は数百に上ったが、国民生活を守るための規制が緩和されたり、緩和が社会的不安につながったりといった副作用も少なくなかった。例えば、小さな政府への志向は、社会保障の分野にも及び、小泉は医療制度改革関連法案でサラリーマンの自己負担率を2割から3割に引き上げ、高齢者医療制度の対象年齢を７０歳から７５歳に引き上げた。自助の考え方に基づいて、国民に痛みを求めたもので、国民の理解を得る目的もあって優遇批判が根強い医者をターゲットに、初めて診療報酬を引き下げ改定している。

小泉の改革に賛否の意見はいろいろあるが、経済政策のフレームワークを日本型資本主義からアングロサクソン資本主義に転換する方向性を明確にし、実際に橋本政権よりも踏み込んで実施した。

そして、改革が痛みを伴うことを認めたうえで、「2、3年の低成長を覚悟して、今の痛みに耐えて明日をよくしよう」と国民に呼びかけたのは、真摯な政治スタイルだったが、低成長は2、3年では済まず、痛みが国民に重くのしかかることになる。

# 6　アベノミクスの罪　資本主義転換の迷走

## 三本の矢——無責任なつまみ食い

小泉純一郎が退任した後、短命の自民党政権と民主党政権が続き、その後、第二次安倍晋三内閣が発足した。第二次安倍政権の特徴は、東日本大震災の影響もあって経済が低迷するなか、アベノミクスと呼ばれる経済政策によって景気浮揚を目指したことである。

アベノミクスは、「大胆な金融政策」、「機動的な財政政策」、「民間投資を喚起する成長戦略」の三つの柱からなり、それを景気回復に向けた「三本の矢」と喧伝した。毛利元就の三子教訓状の三矢の教えをまねたマスコミ受けするキャッチフレーズだが、どの政権でも、金融、財政、構造（規制緩和）の三政策のポリシーミクスで経済対策を進めるので、それ自体に大きな意味はない。問題は、それをどう組み合わせて、どういう方向を目指すかである。

実はアベノミクスが打ち出された当初、海外では日本経済再生に向けた期待が高まった。とりわけ注目されたのが、第一弾として打ち出された大胆な金融緩和によってマネーサプライを2倍にする一方で、規制緩和を進めるとしたことだった。

日銀が供給する潤沢な資金が、規制緩和で生み出される新しい経済の芽に流れ込んで、日本経済の成長が始まるかもしれないと受け止められたのだ。小さな政府の流れを金融緩和がうまく支えるとの期待だったが、実際には規制緩和は期待ほど進められなかった。

向いている方向は、むしろ大きな政府への回帰に近かった。アベノミクスを支えたのは、金融緩和と積極財政によって人為的にインフレを起こそうとするリフレ派と呼ばれるエコノミストや学者たちだった。

三本の柱の一つの財政政策を見ると、安倍が首相就任前に国会で約束したいきさつから消費税率を引き上げたが、民主党政権で4・6兆円まで減らされた当初予算の公共事業費を、6兆円まで戻し、任期中、おおむねその水準を維持した。

大規模災害に備えるためなどとして、国土強靭化を打ち出し、それに伴う公共事業を正当化し、3か年計画で0・8―0・9兆円の当初予算の枠外での積み増しとともに、5か年加速計画での同1・3―1・7兆円の積み増しを実施する道筋をつけている。

退任する2020年の公共事業費は、当初予算で6・1兆円だが、補正後では9・3兆円にまで拡大している。この面では橋本、小泉が進めてきた小さな政府、規制緩和の路線は、その歩みを止め、逆方向に振れている。

財政構造をみると、成長志向の法人税改革と称して、国・地方の法人実効税率を34・62％から段階的に29・74％まで引き下げている。本来は企業が利益を賃金引き上げや設備投資に回し経済の好循環を作り出すことを期待したもので、それで企業が豊かになれば、その富がしたたり落ち、経済もよくなるというトリクルダウンという経済理論で正当化しようとした。

この企業減税だけ見ると、小さな政府を志向しているように見える。ただ、実際には企業は税負担の軽減で得た利益を内部留保にまわし、内部留保は500兆円を超える高レベルになった。企業は潤ったが、トリクルダウンは期待したほど起きなかった。

その一方で、政府は消費税率を5％から二度にわたって10％まで引き上げた。少子高齢化が進むなかで医療費など社会保障費の増大が予想されるため、税収の増加を図った。これは福祉レベルを引き上げるため、税収増を目指すもので、どちらかというと大きな政府志向の政策だ。ただ、企業が賃上げを抑え家計所得が減るなかで、増税が実施されたため、消費に下押し圧力がかかった。

結果的に起きたのは、**単なる税源の企業から個人へのシフト**だった。企業の設備投資主導の景気回復も起きず、消費も停滞を深め、経済は年平均成長率が0％台の低空飛行が続く。労働者は賃金が上がらないなかでの増税に苦しむ一方で、労働者の賃金を抑えて利益を増やした企業が経営層の報酬を引き上げたため、**格差の拡大**をもたらした。

## 日銀を政治利用――問題の大規模先送り

アベノミクスのもう一つの特徴は、大きな政府的な動きを続けるために大規模に日銀を動員したことである。

小さな政府の歩みを止めると、当然、財政が膨れ上がるが、日銀が市場から国債を買いこむことで、財政拡大を側面支援した。日銀の国債保有額は600兆円近くになっている。

また、企業に関しては、日銀がTOPIXや日経平均に連動する上場投資信託（ETF）を購入することで、結果的に大企業を支えている。ETFの保有額も簿価ベースで37兆円（時価で70兆円程度）を超え、事実上、日銀が上場株式の7％程度を保有するに至っている。

日銀は本来、経済全体の動向をみて金融政策を実施してきたが、**大企業寄りの恣意性**が鮮明になった。コロナ禍で影響が懸念された際も、日銀は真っ先にETFの購入額倍増を打ち出し、そのために10兆円以上を費やしている。

コロナ禍で最も必要だったのは外出ができないことで苦しむサービス業に従事する労働者だが、そこには有効な手立てを講じず、結果的に企業全体のなかで一部に過ぎない上場企業だけをETFで支援することで、格差拡大に寄与することになった。

全体を通してみると、アベノミクスは三本の柱の一つに規制緩和を掲げ、小さな政府を目指してきた橋本、小泉路線を継承している形は作っているが、実際には公共事業が増やされるなど、大きな政府への回帰志向も強い。目指すべき方向性がはっきりせず、小さな政府、大きな政府の両方の政策からみずからに都合がいいところをつまみ食いしたように見える。

そして、その弊害が表面化しないように、金利を長期にわたってゼロ近傍に据え置かせた。それが円安を招くとともに、株式や不動産などの資産価格を押し上げたものの、実体経済の成長は伴わない、信用で糊塗された経済を作り上げた。

ひとつはっきりしているのは、**企業にやさしく、家計に厳しく**という方向性だった。これは米国などでアングロサクソン資本主義が、株主利益を優先する方向にどんどん傾斜していく過程と軌を一にするものだ。高度成長を支えた中流階級はいつの間にか消え、**比較的格差が小さかった日本型資本主義の特徴の一つが確実に破壊された。**

## ブードゥー・アベノミクス

アベノミクスに関して、日本の経済界などでは批判的な意見はあまり聞かれなかったが、忖度のない米国では当初の期待が消えると、懐疑的な声が上がっていた。

米経済ジャーナリストのリチャード・カッツは２０１４年に、米有力誌フォーリン・アフェアーズに「ブードゥー・エコノミクス、日本再生計画の失敗」と題する論文で、アベノミクスについて、規制緩和が必要で、それに取り組むと言いながらも、実質的には何もしない「信用詐欺みたいなもの」と酷評している。

アベノミクスの元で進められた規制緩和について、「日本経済は衰退する企業に代わって新興企業が活躍できる構造を必要としている。（中略）硬直化した労働市場と、関連企業同士のなれ合いのために、起業家の卵は必要な資金や人員、流通経路をうまく押さえられずにいる。安倍政権は競争を抑えているビジネス慣行を打ち破り、雇用の流動性を高め、資金を投入してしっかりとした雇用セーフティネットを整備すべきだが、安倍首相は正反対のこと、つまり、経営不振に陥った企業同士を合併させている。安倍首相は既得権益と対決できるだけの大きな政治的影響力を持っているが、強力な集票組織に本気で対決姿勢を示した事例は一つも見当たらない」と批判した。

そのうえで「必要とされる構造改革を断行すれば、日本経済は復活する。だがそれには大きなビジョンを持つリーダーが必要で、現在の首相はそのタイプの指導者ではないだろう」と総括している。

おそらく、カッツの指摘は正しく、アベノミクスには規制緩和で生産性を上げようとするアングロサクソン資本主義的なビジョンはなかった。ただ、リフレ派の影響で量的金融緩和だけは深掘りする確固たるビジョンはあったが、それはツケを、国債を買った日銀に回す形で大規模に先送りしただけだった。

アベノミクスが始まる直前は、日本経済はＧＤＰで中国に抜かれたとはいえ、まだその背中が見える状況だったが、アベノミクスを異次元の金融緩和で支えた日銀総裁の黒田東彦が退任する１０年後には、中国は日本を大きく上回る規模となり、その背中すら見えなくなった。

# 7　資本主義の転換が失敗したわけ

## ゼロ金利が封じた市場――市場機能なき市場重視

１９９０年代半ばから日本は日本型資本主義からアングロサクソン資本主義への転換を図った。少なくともアングロサクソン資本主義的な手法を取り入れることで、日本型資本主義を修正し、経済の活性化を目指した。しかし、成長を目指すはずのアングロサクソン資本主義は日本ではうまく機能せず、国内総生産（ＧＤＰ）は３０年間ほとんど伸びない「失われた３０年」が現出した。複合的な要因が重なって、資本主義の転換は失敗した。

アングロサクソン資本主義の基本には、「官」に代わって価格や資源配分を決める「市場」が律する「民」主導の市場経済がある。だからこそ英国の首相マーガレット・サッチャーは金融大改革（ビッグバン）で資本市場を活性化し、金融主導で市場経済を浸透させた。日本でも橋本政権以降、アングロサクソン資本主義の手法で経済活性化を試みたが、停滞を打ち破る活性化や成長には結びつかなかった。

うまくいかなかった一因に、市場経済の中核である金融市場で、長きにわたり金利をゼロ近傍に抑える「ゼロ金利政策」と呼ばれる金融政策が取られ、金利機能が封じられたことがある。サッチャーがビッグバンで目指したのとは正反対の市場封殺が日銀主導で続けられた。


ゼロ金利は、日銀総裁の速水優が金融危機対策として導入した1999年2月に遡る。2000年8月に一旦解除するが、景気を失速させ、2001年3月に市場にマネーを投入する量を増やすことで緩和を進める量的金融緩和を導入し、事実上のゼロ金利に舞い戻った。

2006年には総裁の福井俊彦が官房長官だった安倍晋三の反対を押し切って、量的緩和とゼロ金利を解除したが、そのころ米国カリフォルニア州などで始まった住宅価格下落が金融危機に発展し、日銀は事実上のゼロ金利政策の再導入を余儀なくされた。

その後、首相の安倍晋三によって総裁に抜擢された黒田東彦はマイナス金利政策を導入し、政策金利をマイナス0・1%にまで引き下げた。マイナス金利政策は2024年に解除されるが、政策金利を四半世紀にわたって0%台にとどめるという世界的に見ても極めて異様な金融政策を続けていたのである。

とりわけ異様だったのは、黒田のもとで進められた大規模な量的金融緩和だった。上場投資信託（ETF）を通じて巨額の資産買入を実施した結果、日銀は国債の発行量の6割近く、株式発行量の7%を保有するに至っている。また、日銀が金融調節を通じて、短期金利をマイナス0・1%、長期金利を0％に誘導することを目標に掲げるイールドカーブ・コントロールと呼ばれる手法を採用したが、これは、事実上の規制金利であり、70年代以降推し進められた金利自由化に逆行する。日銀がとってきたのは、事実上、規制金利の世界に逆戻りするとともに、多くの企業で日銀が大株主になるという、経済に国が介入する社会主義的な要素の強い政策だったと言える。それは、**中央銀行がアングロサクソン資本主義への流れの逆噴射エンジンとなり続けた**ことを意味する。

実際、ゼロ金利政策の恒常化が、経済に与えた打撃は大きい。

まず、金利の機能が封殺された。金利は資金を借りるときのコストだが、経営状態が悪い企業には市場で高い金利がつけられ、事実上、その企業の退出を促すことで、経済の新陳代謝を高める機能がある。この機能はアングロサクソン資本主義で、企業部門の競争力を高め、経済の成長をもたらす大切な役割を果たす。

それが封じられ、経営悪化企業に超低金利で資金を供給し続けたため、復活の可能性はないが、潰れないで存続するゾンビ企業が増えた可能性が高い。企業の新陳代謝を妨げることで、アングロサクソン資本主義で成長を促す仕組みを殺してしまったのだ。

次に、超低金利が円建て債券投資の魅力を奪った。通常、国際的な投資家はリスク管理などのため株式と債券に分散投資するが、円の市場では債券投資の金利収入があまり期待できず、投資対象に組み込みにくくなった。

また、日銀がフォワードガイダンスと呼ばれる、かなり先まで緩和維持を事実上約束する政策を導入したため、金利変動のリスク回避に用いられる先物やオプション（権利の売買）など金融派生商品（デリバティブ）の需要を大幅に減退させた。欧米ではデリバティブは金融機関の有力な収益源になっているが、東京市場ではその分野で収益が見込みにくく、市場の魅力が下がった。

そのため市場への国際的な評価は下がる一方で、ロンドンのシンクタンクＺ／ｙｅｎによる金融市場のランキングでは、かつてニューヨーク、ロンドンと3極を構成していた東京市場は、２０２３年には２１位にまで順位を下げた。欧米の有力市場だけでなく、アジアではシンガポール、香港のほか、上海、ソウル、深圳、北京よりも評価が低くなっている。

資本主義を考えるときの「市場」は、金融市場だけを指しているわけではなく、例えば業者を選定するときの入札など市場の機能を活用した行為を含む幅広い概念だ。ただ、金融市場はその中核であり、その機能が低下し、評価が低い状態では、広い意味での市場重視が機能するとは見られにくい。サッチャーがビッグバンで目指したのは、金融の自由化を通じた、市場経済の意識の徹底でもあったが、中央銀行が金利機能を封じる日本ではそれは望むべくもなかった。

## 利益優先の弊害――格差の拡大

日本がアングロサクソン資本主義をモデルに実施した規制緩和は、格差の拡大をもたらすことになる。日本型資本主義は格差が小さいとされ、それが労働者の勤労意欲を支えるなど成長の原動力になってきたが、そうした日本的な良さが崩れてしまった。

格差拡大のメカニズムが劇的に働いたのは、雇用の分野だった。外資が日本株への投資を増やしていくのに伴って、企業には株主から利益を高めるように強い圧力がかかった。それに応えるには、長期的な視野で研究開発を進め競争力を高める手法もあるが、手っ取り早いのは人件費の削減などによるコスト引き下げである。

日本では大手企業を中心に終身雇用的な考えが根強く、解雇はタブーで、その面でのコスト削減は難しいと考えられがちだったが、労働者派遣の規制緩和が状況を大きく変えた。

派遣法は1986年、当時の首相の中曽根康弘のもと16業種に限って認められ、1996年に橋本龍太郎政権によって、さらに10業種が追加された。大きかったのは小泉純一郎内閣による、製造業と医療業務の一部への派遣解禁と、専門の26業種に課されていた3年の期間制限の撤廃である。それによって派遣対象が大幅に広がった。

企業はこの派遣制度をフルに活用し、定年までの無期雇用を前提とする正社員を減らし、有期雇用の契約社員（非正規社員）を大幅に増やした。企業経営者側から見ると、派遣社員など非正規雇用の賃金は正規雇用の6割程度と低いのに加え、業務の繁閑に応じて、機動的に人員を増減できるし、雇用期間が短いため年金補助などの負担も生じないコスト削減のメリットが大きかった。規制緩和によって人材派遣が収益ビジネスとして台頭したことも、派遣利用を後押しした。

非正規の比率は1990年に20%程度だったのが、直近では40%弱まで上がっている。家計所得の推移を見ると、非正規労働者が増えるのに伴って、所得は減少の一途を辿っている。比較的貧しい層の拡大は、結果的に食費、被服費などをはじめとする消費の手控えを引き起こしている。

一方で、人件費抑制などで企業の利益が増えたため、それを受けて成果連動の要素を強めた経営層の報酬が大きく引き上げられた。その結果、経営層と労働者層の所得格差が開いている。

企業内における所得格差の拡大は、日本型資本主義を支えた、一生懸命働けば昇進できる、マイホームが持てるといった勤労意欲を引き出しにくくしたり、労働者層に作業の技術が蓄積しにくくなったりすることで、結果的に、中長期的な企業の競争力を低下させる懸念もある。

日本型資本主義がまだ生きていた1990年ごろまでは日本は競争力でスイスや米国と世界一を争うほどだったが、近年は先進国の中でも大幅に順位を落としている。スイスのビジネススクールIMD（国際経営開発研究所）による2024年の世界競争力ランキングで日本の競争力は38位まで下がっている。

## 金の論理がもたらした東京一極集中――都市再開発の闇

格差拡大のメカニズムは、不動産にも大きな影響を及ぼした。土地バブルの崩壊を受けて、不動産がお金を引き付けやすいように、その価格について、それまでの近隣で起きた取引を参照につける方式から、その不動産が生み出す収益を反映してつける収益還元法に変えた。市場経済の改定にそった制度改革であり、それが国際的な投資マネーを呼び込む一因となったのは事実である。

ただ、そうした価格メカニズムの改定とともに、政府は建物の延べ床面積の敷地面積に対する割合を示す容積率の規制を緩和した。具体的には都市再開発指定区域などで容積率の上限を1000％から1300％に引き上げたのだ。

容積率上限の引き上げは、引き上げられた分だけ土地を効率的に利用でき、それだけ利用価値が高まるので、地価も上昇しやすくなる。実際、東京の丸の内などでは、その制度を利用した高層ビルの建設が相次いで、大企業のオフィスや、集客力のある商業店舗が増加し、それが人々を引き付けている。

一方で、都市周辺や地方など、利用価値が都心ほどではないところは、投資マネーを呼び込むのが難しく、都心に比べ開発は進みにくい。収益還元法の導入と容積率の緩和は、利益の上がりそうなところに投資マネーを集中させる効果を持ち、利益の上がりやすい都心と、上がりにくい地方の格差を拡大した。

しかも、全体の経済成長が低いなかでは、都心と地方は限られたパイの取り合いになる。都心の魅力的なビルが企業を引き付けることは、その企業がもといた地域からの流出を意味する。そうしたバランスの変化を引き起こす規制改革を実施した結果、都市周辺部や地方の活力低下が起きた。

活力がなくなった地方からは、地元の女子学生などが大都市、とりわけ東京に就職を求めて移っている。それ自体はやむを得ない面もあるが、出生率を見ると大都市は低く、地方は高めであり、地方から都市への人口流出は、出生率の低下を促す格好になる。

お金の論理を優先した結果、社会構造が変化し、日本の先行きの不安要因を増やすことになった。

日本型資本主義の時代には、政府が主導して「国土の均衡ある発展」が目指された。地方に需要見通しを無視したかのような巨大橋梁が設けられるなど問題もあったが、地方も含めた国土発展が図られた。それに対し、アングロサクソン資本主義の時代には、収益性の高いところを開発しやすくした結果、東京一極集中が加速する一方、地方の停滞色が強まった。

## 「小さな政府」による福祉切り捨てがもたらした将来不安

アングロサクソン型への転換では、小さな政府の考え方が重視された。高度成長期の日本型資本主義は、北欧ほどではないものの高福祉の側面があったが、財政状況の悪化を受けて中福祉への転換が図られる。

政策論的には少子高齢化が進み、医療、介護、年金などへの国の支出が増大するのは避けられない。それを回避するには子供を産みやすくする政策の徹底や、移民受け入れの大幅増加などの措置が必要になるが、目先の効果は小さいのに加え、移民政策の転換には反対も多く、本格的な取り組みはなされなかった。対応策として取られたのが、福祉レベルの切り下げである。

小泉内閣時に医療費が1990年の20・6兆円から、2000年に30・4兆円に急増しているなどとして、サラリーマン本人の窓口負担を3割に引き上げた。負担は、制度を通じた「分かりやすく公平な給付」を実現するとされた。

福田康夫内閣では、年金の収入と支出の均衡を図るため、5年に一度、財政検証を行うことにした。100年間は持つと喧伝されたが、100年もつのは5年ごとに財政再計算を繰り返すことで収入と支出のバランスを取るためであり、制度は持つかもしれないが、給付水準が持つわけではなく、むしろ実質的に給付が引き下げられる可能性が高まった。

加えて、給付水準をインフレに対応することとされたが、実際に、その手法としてマクロ経済スライドと呼ばれる方式が採用され、給付額が物価上昇率より低めに抑えられることになったのは、2016年、第二次安倍内閣においてである。

年金制度についてはコンサルティング会社マーサーと投資専門家の団体であるCFA協会が、運用は健全か、制度は持続可能か、内容は十分か、の観点から総合評価し、順位をまとめている。2023年のトップはオランダの総合評価85・0で、日本の評価は56・3で、調査対象47か国中30位にとどまっている。

さらに岸田内閣では、児童手当拡充など子育て支援策を実施する財源として、国民健康保険や企業の健康保険、高齢者医療保険の保険料に上乗せ徴収することにした。

健康保険は病気やけがに備えるため、加入者が保険料を支払い、それを財源に必要なときに必要な人が保険給付を受けられる仕組みであり、子育て支援への支出は目的外支出である。

健康保険をめぐってはすでに赤字の健康保険組合が増え、制度そのものを不安視する声もある。にもかかわらず、岸田内閣が制度の抜け穴を利用して目的外支出を強行したため、その分、もとの病気やけがへの備えへの信頼が揺らいだ。

少子高齢化の進展を控え、社会保障の財政が厳しいのが事実とは言え、政府はほぼ一貫して社会保障の縮減を図ってきた。これは国民から見ると、将来に対する不安の増大にほかならず、「小さな政府」志向が国民から安心感を取り除く大きな副作用を伴ったと言える。

その結果、**将来の安心が見込めない国民は出産や結婚に慎重になるとともに、ますます消費を手控え、それが成長を押し下げる強い圧力となっている。**

## 劇場型規制緩和の罪――副作用への配慮欠く

1990年代半ばから、小さな政府が目指されるなか、規制緩和が、まるでそれ自体が目標のように進められた。米国が構造協議で求めた「存続する規制は、すでに認められた公共政策の利害と直接かつ密接に関係しているべきである。そうした限定基準を満たさない規制は、改正あるいは廃止されるべきである」との要望にそった動きのように見える。

規制には、政府の過度な介入につながるおかしなものや、すでに時代にそぐわなくなったものなど、不要なものも少なくない。インターネットが普及し、それ以前とは社会の在り方がずいぶん変わっており、時代に合わせた制度、規制のアップデートが必要なのは言うまでもない。

問題は「規制が悪で、規制緩和が善」といった考え方が定着してしまったことだ。小泉純一郎が「聖域なき構造改革」を進めるとして、それに反対する議員、役人などに「抵抗勢力」とのレッテルを貼って、規制緩和路線を進めようとしたことが大きい。与党の政治家が、規制緩和項目が何百にもなったと、その数を誇示し、一種の緩和ショーの様相を呈した。

しかし、規制には、それが必要とされた理由があり、やみくもに緩和すればいいというものではない。安全性を保つために導入されていた規制を緩和すると、安全性をないがしろにした事故が起きる恐れが出てくる。

例えば保健機能食品に関して科学的研究を実施し、国によって承認された特定保健用食品（トクホ）の制度ができ、トクホ商品が一定の社会的信用を得た。それを見て、業者サイドから、自ら実施した臨床試験などの科学的根拠に基づく表示を認めるよう要請があり、政府は販売前に安全性及び機能性の根拠に関する情報などを消費者庁長官へ届け出れば販売できる機能性表示食品というカテゴリーを設けた。

業者が届け出ることで、だれが審査、承認するわけでもなく、機能性表示食品を名乗れるようにしたのだ。トクホとは全く異なるが、国民は届け出によって政府が絡んでいるように錯覚しがちだ。

機能性表示食品をめぐっては、2024年に小林製薬の紅麹コレステヘルプと呼ばれるサプリで、摂取者から百人を超える死者（2024年9月18日現在）を出す事件が発覚した。紅麹自体に問題があるわけではないが、サプリメントの製造工程で後にプベルル酸と特定された成分が含まれてしまったという。

混入の経緯は明らかではないが、結果として健康を損ねるような製品の出荷を止められなかった。通常の食品でも製造工程で虫が混入しているなどの状況がわかれば、すぐに製品は回収されるが、紅麹コレステヘルプでは、対応は最初の症例報告から2か月以上たった後だった。

規制緩和が作り出した機能性食品は安全というイメージが、結果的に健康を維持しようという国民の健康を害する結果につながった。

また、金融庁は金融商品取引法で、それまで認可制だった証券会社のほか、金融先物取引業者、金融商品取引販売業者、信託受託権販売業者などを金融商品取引業者とし、登録制にした。登録さえすれば業務が手掛けられる簡便さと、金融庁への登録がお墨付きのような役割を果たすことに着目して、多くの金融商品取引業者が登録した。

契約締結時の書面交付や、断定的判断を提供しての勧誘を禁止するなどの行為規制は導入されたものの、米国に比べて不正を取り締まる組織の規模が小さいのに加え、法律や規制違反の際の刑罰・

罰金が大幅に軽い。このため金融商品取引業者が投機色の高い金融商品を十分な説明なしに高齢者に売りつけたり、詐欺行為を働いたりするといった事例が後を絶たず、高齢者を中心に被害が広がっている。

規制緩和を進める際には、その緩和がもたらす副作用にも配慮する必要がある。配慮を欠いた典型例は、前述した派遣労働に関する規制緩和だろう。派遣労働は有期雇用が中心で、派遣労働者は正社員に比べ、不安定な境遇に置かれる。企業の組合員にはなれないので、組合による保護は期待できない。かつてかなり低く抑えられていた給与は、同一労働同一賃金の掛け声のもと少しは改善されてはいるとはいえ、依然正社員より低く、昇給などもあまりない。長期雇用を前提としないので、スキルアップの研修なども受けづらい。

企業が派遣労働者を増やした影響で、家計の所得が減った。派遣労働者は所得が低いのに加え、先行きの所得の安定・増加の見通しが立たないため、結婚をあきらめたり、結婚しても子供をあきらめたりする事例が増えている。

企業の利益を優先して派遣労働規制を大幅に緩和することが本当にいいことなのかどうかは議論がわかれているが、規制を緩和するなら、それに伴って同時に、派遣労働者のセーフティネットを構築したり、職業訓練の強化など派遣労働者の所得を増やせるような環境整備をしたりして、副作用を抑える努力を実効性のある形で進める必要がある。

雇用というのは、経済システムの一部であり、その仕組みを変えたいのなら、経済システム全体に与える影響を考えながら変えないと、システム全体が持たない。しかし規制改革派の視野は狭く、実態は規制改革だけが先行した。特に小泉政権時には、総合規制改革会議のメンバーにリース会社、人材派遣会社、不動産会社のトップが名を連ね、改革ありきで議論が進み、副作用への配慮は十分とは言えなかった。

この文脈では、民主党政権で実施された事業仕分けもひどかった。2009年に、行政刷新会議議長が選んだ「仕分け人」が対象事業を調べ、公開の場に、事業担当者を呼んで、事業の必要性などを議論し、廃止や縮減を決めていく。

仕分けには民間委員が数多く起用されたが、事業判定を下す力量が疑問視される委員も少なからずいた。そうした委員会による1時間程度の公開仕分けは、役人のつるし上げのような様相を示し、勧善懲悪のテレビドラマのような仕立てで伝えられた。もちろん、それは規制緩和や規制の廃止が善というシナリオで進められる。

民間委員による判定は、コスト削減などが優先されがちで、長期的な視点で取り組むべき事業が正当に評価されたとは言いがたい。国の事業は営利企業ではないにもかかわらず、そこに無理に企業利益の論理を当てはめようとしたのだ。

具体的にはニュートリノの研究をするスーパーカミオカンデ（カミオカンデの次世代機）が縮減

と判定されたり、小惑星探査の「はやぶさ2」の予算がわずか3000万円に削られたりした。JAXA（宇宙航空研究開発機構）の広報施設は廃止の判定を受けている。

行政の無駄を省く必要があるのは言うまでもなく、事業の見直しは毎年着実に実施される必要がある。しかし、それは計算された国益に合致するかどうかという視点から、吟味検討されるべきものだ。外部の目は重要だが、マスコミ受けするコンサルタントやエコノミストがその任を担えるのか疑問である。

結局、テレビ放映されたときは、役人たたきショーとして人気を集めたが、そうした仕組みが長続きするはずもなく、仕分けという言葉とともに消えていった。規制緩和の行き過ぎが、将来の成長の芽を潰した可能性すらある。

## 「民にできることは民に」の落とし穴──アウトソーシングがもたらした中抜き経済

アングロサクソン資本主義の小さな政府を目指すなかで、「民にできることは民に」という方向性も重視された。小泉純一郎がよく口にしていたフレーズだ。公社などの民営化が代表例とされるが、政府が手掛ける業務の民へのアウトソーシング（外注）も多用され、民の力を活用した効率化が進むと期待された。

しかし、期待通りの結果につながったかどうかは不透明だ。

例えば自治体の花火大会などのイベントはかつて商工会などと協力して実施していたが、運営は広告代理店などに外注するケースが増えた。広告代理店はイベントなどの手配はお手のものだし、マスコミを使ったＰＲにも長けているが、その分、結構な手数料が取られてしまう。

行政が何かしようとするとき、その情報はなかなか民間には共有されないため、どうしても最終的に事業を手掛ける業者との間に、アウトソーシングを一括して受けて、それを業者に振り分ける会社が入りがちで、結果的にそこで事業費が「中抜き」される形になる。

仲介役が中抜きを上回る効果的な2次下請けへの事業発注をしない限り、実際の事業に投下される資金は減ることになり、事業の効果が落ちたケースは少なくないと見られる。

もう一つの懸念は、腐敗である。アウトソーシングでは、行政サイドが民間に業務をアウトソーシングすれば、そこに行政と民間の癒着が発生するリスクが生じる。もちろん、それを防ぐために、行政の仕組みの中に、汚職を取り締まる法律整備や、効率的な発注をするための入札制度などがビルトインされているが、それをすり抜ける賄賂の供与や談合事案が後を絶たない。

このアウトソーシング悪用の典型的な例と見られているのは、２０２１年に開かれた東京オリンピック・パラリンピックだった。

五輪は国際オリンピック委員会のイベントで、開催地の東京で運営を担うのは東京都、日本オリンピック委員会が設立した公益財団法人で、国や東京都も運営資金を投入した。

テスト大会計画立案業務などで実施された競争入札では、談合による調整で多くが1社しか参加しない「1社応札」となっていた。この件では大会組織委員会の関係者が独占禁止法違反の疑いで逮捕されている。また、利権にありつきやすい五輪スポンサー、オフィシャルサポーターの選定を巡っても、賄賂を贈っていた企業幹部と受け取っていた大会組織委員会の有力理事が逮捕されている。

もともと誘致費用7300億円のコンパクト五輪を強調して開催を勝ち取ったが、実際にかかった費用は約1兆7000億円。周辺道路の整備なども含めると実質的な開催費用は3兆円台半ばに膨れ上がった。

五輪をめぐっては、小さな政府の流れのなか、1984年のロサンゼルス五輪で税金投入を避け、テレビ放映料などで資金を賄う商業五輪スタイルが成功した。それ以降、民間活力を活かした運営が重視されてきたが、スポンサー料高騰、賄賂の横行など商業優先に偏り過ぎた弊害が指摘されていた。そうしたなか、汚職にまみれた東京五輪は、商業主義の行き過ぎの弊害を改めて示した。

もちろん汚職は、社会主義でも起こり得ることだが、小さな政府を目指せば目指すほど、民を巻き込むため、利益動機の強い企業が関係しやすくなる。民を生かすこと自体は望ましい方向だとは思うが、癒着を起こさないための体制を確立する必要がある。

## アングロサクソン型を目指した挙句、行き着いたのは縁故資本主義？

資本主義を論じるときに、**縁故資本主義**が議論されることがある。１９８０年代、フェルディナンド・マルコスの独裁政権下のフィリピン経済を形容するために使われ、その後、賄賂、汚職が常態化しているアジアの国の経済を表現する際に使われる。権力に近かったり、うまく取り入ったりする一部の個人や企業が特別に扱われ、納税者や消費者から他の企業に至るまで、他のすべての人を犠牲にして、優遇利益を享受する。

通常は政府の権限が広く強い大きな政府において、政府権限が汚職や賄賂でゆがめられることで起きやすい現象とされるが、小さな政府を目指しても民間への事業委託、入札の不正といった行為を通じて起きる。アングロサクソン資本主義を目指すのなら、事業の透明性を確保し、利益相反の禁止などを徹底することが基本になるが、日本はそうした弊害防止への対応が甘かった。

問題は、日本がどれだけ縁故資本主義に汚染されているかどうかだ。東京五輪で露呈したようなゆがんだ民活が、蔓延しているかどうかが問われる。

それに絡んで、気になるのは裏金疑惑である。２０２３年末から与党の自民党の岸田派、安倍派、二階派で、政治資金パーティーの収入の一部を政治資金規正法に違反して不記載にしていたことが明らかになった。

不記載の資金というのは裏金で、使途は不明のままだ。裏金の出し手として、パーティー券を買っているのは政治家から特別な扱いを受けたい企業の経営者などと見られる。裏金の慣行は20年ほど前から続いていたとされているが、それは政府が民営化や規制緩和に積極的に取り組み始めた時期と一致している。

自民党の議員の多くは、自民党たばこ議員連盟、自民党遊技業振興議員連盟、日韓海底トンネル推進議員連盟、地下式原子力発電所政策推進議員連盟など業界や特定の勢力の利害と直結する議員連盟に加盟し、活動している。議員が幅広い業界や勢力の意見を吸い上げるのは義務であり、議連活動自体は正しいのだが、癒着を排除する公正で透明なルールがなければ、政治はゆがめられかねない。

それにしても呆れるのは、政治と行政の無責任体質である。利権につながる規制緩和の旗振り役には熱心だが、実際に緩和された後どうなったかはまじめに検証しようとしない。「失われた10年」が、20年に、そして30年に伸びているのに、なぜそうなったのかが真剣に顧みられない。

失われた30年の間に、多くの規制が緩和されたが、その結果、どうなったのか。中には効果のあった規制緩和もあったのかもしれないが、全体として目指した成長はまったく得られていないわけで、恐らく効果がなかったものが大半だろう。

理由はさまざまだろう。規制緩和ありきで、新しい事業の需要見通しが過大に見積もられる粉飾があったのかもしれない。民を生かすアウトソーシングの過程で、成果を上回る中抜きがあったのかもしれない。

規制緩和に利権の獲得を狙う企業が群がることは海外でも起きている。それがあるから、規制緩和をやめろというつもりはない。しかし、**緩和に伴う不正**をたださないと、もともとの目的の成長は達成できない。

何年かして予期した効果が上がっているかどうかの点検も欠かせない。そもそも民営化や規制緩和は究極的には国民のためであって、そうなっていなければ見直す必要がある。規制緩和で民間がいったん勝ち取った権利は元に戻さないというのはおかしな話で、国民のためになっていない規制緩和は停止や再規制を考えるべきだ。

結局、アングロサクソン資本主義の小さな政府、民活、規制緩和は政府のプロパガンダとしてはよかったのかもしれないが、魂は入らなかった。米国との近さをひけらかす首相たちが、米国型のふりをしただけで、弊害防止と成長のエンジンをふかす工夫なきアングロサクソン資本主義は縁故資本主義でしかなかったということだろう。

米国では有力シンクタンクのヘリテージ財団の元主任研究員ダレン・バクストが、縁故主義に対抗するため、議会は政治システム内にさらに多くのチェック機能を設ける必要があり、政策立案者は透明性を高める必要があると強調。「これは単なる経済問題ではなく、私たちの政治制度と代表的な政府形態の完全性を維持するうえでの中心的な問題だ」としている。

しかし、日本の場合、そうした正論は通ってこなかった。それが、失われた30年につながり、日本経済を苦しめている。

# 第3章 株主資本主義の盛衰

冷戦終了後、世界の大半が西側資本主義の体制に組み込まれ、資本主義は国家を超えた経済の枠組みとしても議論されるようになる。そのなかで、米国で台頭した株主の利益を最優先する株主資本主義が、経済の情報化、国際化とあいまって世界に広がった。

しかし、国境を越えた資本主義の規制は難しく、各地で労働者の搾取、環境の悪化といった弊害をもたらした。また、規制緩和を背景とした過度のリスクテークがもたらした金融危機は、結果的に規制強化、公的資金投入など政府介入を強め、利益最優先は厳しく批判されることになる。

ここで、再び視点を冷戦後の英米に戻し、現在のアングロサクソン資本主義の盛衰を見ていく。第2章で見た日本型資本主義の衰退の歴史と、年代的に多少前後する部分があることは、あらかじめご了承いただきたい。

# 1 株主資本主義の台頭
# 深化するアングロサクソン資本主義

## 民営化が変えた風景――株式文化が国民に

市場が重視され、自己責任が強調されるアングロサクソン資本主義は冷戦終結後、質的な変化を遂げることになる。社会主義と対峙していたときは、国の介入が焦点で、例えばサッチャーはその介入が小さい「小さな政府」を目指した。「官（＝介入）」か「民」かというなか、「民」を重視することこそが重要と考えられ、「官」を縮小する方向で動いたのだ。

社会主義に対する資本主義の勝利が決定的になってくると、「民」の質が問われ始め、それは前述した通り「官」の介入度合いによって、一定程度「官」の介入を容認するライン型と、「官」をできるだけ小さくしようとするアングロサクソン型など、国の文化や歴史を踏まえ、さまざまな在り方が模索された。アングロサクソン型のなかでは、「民」の在り方をより先鋭化する形の資本主義が台頭してくることになる。

アングロサクソン資本主義の深化に大きな役割を果たしたのは「民営化」で、それは株式文化を広げることにつながった。

レーガン、サッチャーが推進した新自由主義路線では、規制緩和、市場重視が掲げられたが、サッチャーは推進のための手法として「民営化」を推し進めた。国有企業を株式会社化して、その株式を民間に売却し、民間企業に転換する手法である。

英国では第二次世界大戦後、歴代の労働党政権が、電力、ガス、鉄道、石炭産業、鉄鋼産業を国有化したほか、その後、発達した航空、自動車、通信などの産業も国営としてきた。国営は国民へのサービスが主目的で、利益動機が薄いため、生産性が低く、高コスト体質になりがちだった。サービス価格が高くなり、労使関係も悪化することが少なくなかった。勤勉に働かなくても守られる公務員の地位が勤労意欲の低下を招き、いわゆる「英国病」の温床になっていた。

サッチャーは、そうした体質を改めるため、政府の組織の切り売りを始めたのだ。

就任した1979年に石油のブリティッシュ・ペトロリアムを民営化したのを皮切りに、81年に航空宇宙企業のブリティッシュ・エアロスペース、83年に造船のブリティッシュ・シップビルダーズを民営化した。

当初は、小さな政府を掲げるサッチャーの政治ショーに過ぎないとの見方も少なくなかった。

しかし、サッチャーは反対論をものともせず民営化を加速する。反対論を封じるには、大規模で、明らかに成功とわかる例を作る必要があると考えたサッチャーは、通信のブリティッシュ・テレコムに目を付けた。当時、ブリティッシュ・テレコムでは電話設置の長い順番待ちや、故障で使えないままの多くの公衆電話など、問題が山積していた。

計画では、株式の売り出しは40億ポンドを上回り、それまで世界最大だった米国のAT&Tの2次募集を大きく上回る規模の売り出し案件となっただけに、金融界も資本市場が巨額の資金を吸収しきれるか自信を持てず、慎重だった。

ところが、ふたを開けてみると、申し込みが殺到した。民営化後、通話の失敗率が大幅に下がり、街角の公衆電話も95%以上が稼働するようになった。通信インフラとしての優れた機能を取り戻し、民営化の目に見える効果が示された。

サッチャーは民営化を加速する。84年にはブリティッシュ・テレコムに続き、自動車メーカーのジャガー、86年にガス事業者のブリティッシュ・ガス、87年に航空会社、ブリティッシュ・エアウエイズ、88年に製鉄会社、ブリティッシュ・スチールなどを次々に民営化していった。民営化が始まって十数年で、40社以上が民営化され、国営部門の3分の2が民営に代わった。民営に移った労働者数は90万人を超え、株式を保有する国民の比率は民営化前の14人に1人から、4人に1人に増えた。

そこで起きたことは、資本主義という難しい概念が、民営化によって広く国民に知られ、多くの国民がその体制への参加を実感したことだった。民営化プログラムのすべての提案は、従業員の株式所有を奨励するための特別条項を盛り込んでいた。株式の一部については従業員に無料で提供され、民営化された会社の従業員の9割以上が株主になることが少なくなかった。

従業員が従業員持株制度を通じて会社の共同所有者になると、従業員は株価の動きを気にするようになり、株価を左右する収益性にも目を向け始めた。賃金交渉中に労働組合に賃金要求を引き下げるよう圧力をかける例まで現れ始めた。

## 収益源を手にした証券会社の猛プッシュ

国営企業を民営化しようとすると、組織を株式会社形態に作り直し、その株式を販売したり、株式を取引所に上場したりすることが必要になる。株式に関する専門的なノウハウと、多くの事務作業が伴うのだが、そこで得られる手数料も膨大だった。

90年代初めの民営化手数料は、民営化で売却される時価の5%程度とされた。1万人を超えるような従業員が1年かかって稼ぎ出す利益の数分の一を、10人にも満たない専門チームと支店網を通じた民営化株の販売を通じて、短い期間で稼ぎ出せる計算だった。証券会社から見るとまさに「金のなる民営化」だったのだ。

証券会社は、公的部門が非効率そうな国の政府に働きかけ、英国などでの成功例を示しながら民営化を勧めた。政府の高官にとっても、政治家にとってもそれらの提案が成功例同様に機能すれば、国による非効率な運営が改善され、株式売却によって財政状況もよくなるので、魅力的に見えた。そのため民営化は大きなうねりになっていく。

民営化が進んだ代表例とされるのがイタリアである。同国は資本主義陣営ではあるが、戦後復興時に設立した産業復興公社（ＩＲＩ）、炭化水素公社（ＥＮＩ）のほか、電力公社（ＥＮＥＬ）、国営保険公社（ＩＮＡ）などが、株式を保有する形で５００社以上の企業を傘下に収めていた。

しかし、国有企業を舞台に政治家を巻き込む汚職事件が相次いだのに加え、南部では国有企業の採用に、政党幹部やマフィア組織が大きな影響力を持つなど、問題が山積していた。

１９９０年代初めには経済が低迷し、国の財政状況も悪化し、さらに欧州の経済統合が決まり、イタリア企業の国際競争力を高める観点からも民営化が不可欠との認識が高まったため、１９９２年８月、民営化法案が可決され、ＥＮＩなどの主要国営企業の政府持ち株売却が決まった。

この民営化を推進したのがジュリオ・アンドレオッティ内閣で財務省長官を務めていたマリオ・ドラギである。国家が企業の役割を果たし続けるのは時代にそぐわず、危険でもあるとして民営化を主張し、その後、民営化委員会の議長に就任して、通信のテレコム・イタリアなどの民営化を実施した。

１９９０年代のイタリアの民営化は１０００億ドル規模にも達し、その民営化株の売却益によって政府は一時的に債務を圧縮し、欧州統合を定めたマーストリヒト条約で規定されている欧州連合

（ＥＵ）参加基準を満たす一助となった。

ドラギは、その後、民営化株の売り出しなどに携わっていた投資銀行ゴールドマン・サックスに天下った後、イタリア中央銀行総裁、欧州中央銀行（ＥＣＢ）総裁を経て、イタリアの首相にまで上りつめている。

各国に広がった民営化は成功例ばかりではないが、株式文化を広めるのに大きな役割を果たした。そして、その株式文化の広がりが、**アングロサクソン資本主義の株主資本主義への転身**を促していくことになる。

## フリードマン・ドクトリン

株主資本主義の考え方の基礎になっているのは、「フリードマン・ドクトリン」である。経済学者のミルトン・フリードマンが自ら１９７０年9月に米紙ニューヨーク・タイムズに寄稿した「フリードマン・ドクトリン：企業の社会的責任は利益を増やすこと」と題したエッセイで説明している。内容を見ると「重要な点は、経営者は企業経営者としての立場において、主な責任は企業を所有する個人（株主）に対してある。インフレ防止、環境改善、貧困撲滅といった社会的目的に貢献することは、経営者が株主の利益にならない何らかの方法で行動することを意味している。（中略）経営者が株主によって選ばれることを認める正当な理由は、その経営者が株主の利益に奉仕する代理人であるということだ。企業経営者がその収益を社会的目的に支出すると、この正当性は失われる。企業の社会的責任はただ一つ、ゲームのルール内に留まる限り、リソースを活用し、利益を増やすことを目的とした活動に従事することだ」と指摘している。

経営者が（環境改善など）社会的目的で行動するとその正当性が失われる、というやや過激に見えた主張だったが、次第に影響力を増していく。背景にあるのは、競争力が低下してきた米企業の危機感だった。1970年代の米国ではスタグフレーションの影響で株価が低迷した。さらに日本やドイツの企業が力をつけ、家庭電化製品などで米国企業の市場シェアが下がっており、企業の立て直しが急務になっていた。

企業にとって大きかったのは、合併・買収（M&A）に関する規制緩和だった。レーガン政権は特定市場内での集中率が80%を超える合併を除く合併を認める新しい指針を設け、ほぼあらゆる形態の合併にゴーサインを出した。それを受け、市場価値が売却可能な資産の価値を下回る企業が存在することに気づいた機関投資家が、敵対的買収の手法を使って、そうした企業を乗っ取り始めた。

そのころ、高利回りの債券（ジャンク債）を発行して調達した資金で、会社の株を買い取り、新しい所有者が負債を返済するために会社再編に取り組む金融手法が確立されたこともあって、1980年代前半には年間3000件近いM&Aの嵐が吹き荒れた。

その動きは企業に強い圧力をかけることになる。敵対的買収で企業を乗っ取った株主は、そもそも利益をあげるためにそうした行為に走っているのであって、買収後は買収した企業を利益優先の経営に変えていった。

それまで社会的責任に重きを置いていたような企業も、株価が割安に放置されていると、敵対的買収で乗っ取られる恐れが出てきたため、株主優先の経営で株価を高めることで買収コストを引き上げ、敵対的買収の標的にならないようにせざるをえなかった。

この過程で、社会的責任への配慮を怠らなかった古き良き経営者たちは、その席を株主優先の考えにそった教育を受けた経営者に譲っていく。新しい経営者たちは会社の再編に取り組んだが、そこでは、組織再編に携わる者は労働者、消費者、供給業者のことを心配すべきではなく、株主により多くの利益をもたらすことが目的であると主張した。それはフリードマンが主張していた株主最優先の経営であり、**吹き荒れる買収の嵐が企業への圧力となり、株主資本主義が大きな流れになっていった。**

## 利益最優先への道

株主資本主義は、企業の在り方を大きく変えることになる。経済のフレームワークを考えるとき、労働者をどう考えるかが大きなポイントの一つで、その会社や国とのかかわり方によって、社会主義やライン資本主義が特徴づけられていった面がある。株主資本主義では、その労働者の位置づけを大きく変化させた。

株主の利益を増やすことを最優先課題として突き付けられた経営者は、人件費の削減が最も有効な手法だと考え始めた。新製品を開発したり製品の魅力を増したりして売り上げを伸ばすのが王道ではあるが、それには投資も必要で、時間もかかるし、うまくいく保証もない。それに対し、コスト削減は目に見えた成果が期待しやすかった。

その手法として取られたのはアウトソーシング（外注）、（不振）事業売却、一時解雇、従業員福利厚生の削減などである。社内に多くの従業員を抱え業務を遂行するより、その業務を専門にするような外部の人たちに仕事を外注したほうが、安価で、いい成果を目指せると考えられたのだ。

かつては企業が人員削減を発表すると、それは企業がうまくいっていないことを認めるようなものと受け取られ、株価は下がることが多かった。しかし、株主資本主義の考え方が広がるにつれて、人員削減は利益向上の取り組みであると見られるようになり、株価が下がるどころか、上昇するケースも見られるようになっている。

そうした変化を加速したのは株主による、経営者、労働者の取り込みである。実際に、株主最優先を徹底するための制度的な仕組みが次々に構築されていった。経営者を株主のほうに向かせる大きな要因になったのは、ストックオプション（株式を購入する権利）だった。株主が会社の経営者に利益最優先を指示しても、報酬が一定なら、その方向に向かう誘因はあまり大きくないかもしれない。そこで株主は、報酬に自社株式での支給や、ストックオプションを付与するようになる。それによって経営者は、株主価値を重視し利益をあげる努力をすればするほど、その結果が自らの報酬に反映しやすくなった。

経営者は株主資本主義ではその受益者になれる立場に立ち、それまで不人気だった従業員の賃下げ、福利厚生の削減、工場閉鎖に取り組めば、それだけ報酬が増えることになった。ストックオプションなどの付与が、経営者の労働者に対する社会的配慮という考え方へのこだわりを打ち破ったのだ。

もう一つ無視できないのが確定拠出年金制度である。かつては労働者の年金制度は確定給付型が主流で、企業は先行きの社会経済情勢が不透明にもかかわらず、あらかじめ定めた年金額を支給する必要があり、経営上は大きなリスクを抱えていた。そこで年金支給額を運用結果に連動させる確定拠出型の年金制度に代えていった。労働者は決まった年金の掛け金を拠出するが、将来受け取る年金額は、掛け金の運用成果次第という形にしたのだ。

公共部門の年金基金などが運用成績をあげるため、投資している民間企業に確定拠出の導入を求め、確定給付型制度は縮小していった。そのことは米国の労働者の多くが、株主になったことを意味する。企業が利益優先の態度を取ればとるほど、株主としての労働者の老後の取り分が大きくなる構図が出来上がった。

経営者へのストックオプションの付与や、確定拠出型年金の普及などの結果、社会主義などで前提としてきた経営者対労働者といった構図そのものが変質してしまい、株主資本主義が広がる要因の一つになった。

## グローバル化による株主資本主義の世界的拡大

株主資本主義をより発展させたのは、グローバリゼーションだった。

歴史を振り返ると、グローバル化は決して新しい動きではない。古くはオランダや英国がアジア貿易を実施するため東インド会社を設け、コショウをはじめとする香辛料などを輸入していた。重商主義の時代には、英国やフランスはアジアやアフリカで植民地を拡大し、植民地の資源や産品を搾取してきた。

第二次世界大戦後は、国際貿易の円滑化によって世界経済の活性化を図ろうと「関税および貿易に関する一般協定（GATT）」が結ばれ、国際貿易が活発になる。日本の戦後復興は、輸入した資源を加工して、その輸出で稼ぐ、加工貿易立国モデルを採用したもので、それも一種のグローバル化の応用例である。

一部の企業は早い段階から、グローバルな視点のオペレーションを手掛けていた。米国のコカ・コーラや、マクドナルドは世界に展開している。スイスの食品会社ネスレは世界各国で粉ミルクから、チョコレート、コーヒー、水など多様な製品を製造販売している。

しかし、冷戦終結後に進んだグローバル化は、その規模、深さで、それまでのグローバル化とは次元が異なるものだった。

冷戦の終結が社会主義に対する資本主義の勝利を意味したことは前述したが、それは同時にイデオロギーによって分断されていた世界経済が、勝利した資本主義の考えが色濃い一つの経済圏になることをも意味すると見られた。実際、東欧諸国のように、社会主義から資本主義に鞍替えする国も続々登場した。

資本主義の国々では、グローバル化が深化した。欧州連合（ＥＵ）は拡大する米国に対抗するために、経済統合に乗り出した。まず域内で国境の検問を廃止するなどして、ヒト、モノ、カネの流れを自由化し、さらに共通通貨ユーロを導入した。英国、ドイツ、フランス、イタリアといった比較的規模が大きい国の間の国境が事実上取り払われたことが、グローバル化の進展に大きく寄与した。

厳密に言えば社会主義を標榜し続ける国もあったし、独裁体制を維持する国もあったが、そうしたごく一部の国を除いて、高い壁が取り除かれ、世界規模でヒト、モノ、カネが流れる体制に組み込まれたのだ。

グローバル化の深化を促した、もう一つの要因は**インターネットの普及**である。１９９０年代に世界のサイトをハイパーテキストでつなぐワールドワイド・ウェブを使って、個人・企業が国境を越えて情報交換できる仕組みが整い、地球規模での情報交換が飛躍的に活発になった。企業がどこに立地してもビジネスを手掛けられ、マウスをクリックするだけで何億ドルもの資金を動かせる環境が整った。

それは、あらゆる資源を動員して株主利益を最大化することを目指す株主資本主義の舞台が国内中心から、世界全体に広がることを意味した。グローバル企業は世界を見渡して、**最も価格の安いところで資源を手に入れ、最も人件費の低いところで加工製造して、最も高く売れる国にもっていって販売する**ことで利益を生み出し、**最も税率が低い国で会計処理**をしようとした。

例えばインドで栽培した木綿を、バングラデシュで製品化し、フランスで販売し、会計処理は税率が低いアイルランドの子会社で実施するといった具合である。

そうしたグローバルな視点で利益をあげようとする企業が増えた結果、資源調達では鉱物資源でアフリカのギニアやアンゴラが、低賃金の生産加工拠点としてはバングラデシュやインドネシアなどが、そして会計拠点としてはアイルランドのほか英領ケイマン諸島など租税回避地（タックスヘイブン）が、株主資本主義のパーツとして組み込まれていった。

グローバル化は企業に大きな利益をもたらした。資金と業務をより賃金が低く、税金が安く、規制上の制約が少ない場所に移すことで、コストを削減し、収益率を向上させ、利益を増やすことに成功したのだ。米国企業の税引き後利益は、金融危機の一時期を除き右肩上がりに上がり続け、2022年は2000年の5倍の水準になっている。株主資本主義が企業に我が世の春をもたらした格好になっている。

利益をもたらしたのは株主に対してだけではない。企業の調達網に組み入れられた国々では、資源や商品の売り上げが増えた。国が貧しく、賃金が安かったバングラデシュは、繊維産業の加工拠点となり、そこで雇用される労働者が増えた。欧米企業がアフリカなどで資源開発に乗り出し、それまで開発ができず眠っていた資源が売れるようになった。株主資本主義の考えのもと、貪欲に利益を掘り起こそうとした欧米企業が、途上国のポテンシャルを引き出した面もある。

そうした行為には後述するように負の側面も少なくないのだが、貧困の撲滅には一役買ったと見られている。一日1・9ドル以下で生活する絶対的貧困層の数は1990年に19億人だったのが7億人程度まで減っている。企業の強欲が動機かもしれないが、それが埋もれた可能性の一部を引き出し、貧困を減らすことに役立ったのだ。

# 2　株主資本主義の弊害
# 強欲がもたらした格差の拡大

## 短期主義──四半期ごとの増益プレッシャー重く

株主資本主義がサプライチェーン（供給網）に途上国を巻き込み、貧困の削減に大きな効果を発揮したのは間違いないが、さまざまな弊害ももたらした。

背景にあるのは、短期主義である。株主資本主義は会社が市場によって監視される透明な仕組みで、米国などでは上場企業は3か月ごとに四半期決算報告を開示する必要が生じる。企業が正しい戦略を取っているのか、その戦略にそって適切な利益をあげているのかなどが、市場を通してチェックされる。

そうした仕組みの下では、経営者は毎四半期ごとに利益をあげ続けることが期待され、経営者はその方向で努力せざるを得ない。

ただ、会社にとって毎四半期に利益をあげ続けることが、必ずしもベストとは言えないこともある。企業が持続的に利益をあげるには、それを支える技術を磨くための研究開発が必要になる。通常、研究開発投資は短期的には開発費用のコストが膨らみ、それが花開くのはかなり先のことだ。

また、そうした体制を支えるためには、それを支えられる社員が必要で、そのためには優秀な新入社員が入ってくるような環境を整えるとともに、従業員のレベルアップのトレーニングなども充実させねばならない。しかし、そうした開発やトレーニングは、将来的には会社のためになるのだが、目先だけ考えると、即利益につながる可能性は低く、コスト増要因になる。

それは株式を購入して、いつ売り抜けようかと、タイミングをうかがっているような投資家にとっては、愉快ではない。売り抜けたいと思うような投資家のタイムスパンは、会社の長期的な利益より、ずっと短いのだ。そうした投資家が一定数以上いて、利益をあげるように要請されると、経営者は四半期ごとに、短期的な視点でも利益を出し続ける手法を模索せざるを得ない。

## 従業員を犠牲にして利益をあげる

短期的な利益につながりやすいのは、従業員の解雇などによるコスト削減である。解雇を実施した四半期には、一時金の支払いなど解雇費用が発生するが、その後は、ほぼ間違いなく人件費を削減できる。そのことによって短期的には投資家を喜ばせることができても、長期的に見れば技術の蓄積ができないといった問題が生じ、競争力が低下する恐れが強まる。

この従業員を犠牲にしてでも利益をあげるという考え方は、オフショアリング（事業の既存拠点から海外への委託・移転）という形で加速されることになる。1980年代から、企業は主力製品のグローバルサプライチェーン（国際供給網）の構築を本格的に始めた。その動きは自由貿易体制の構築とあいまって、企業の生産拠点の、より賃金の低い国への移転を促すことになる。

隆盛を極める企業が国に工場を残したまま、新しい工場を労働力が安価な国に設けるのなら、大きな問題にはつながらないが、多くの場合、賃金の高い自国の製造工場を縮小・閉鎖して、その代わりに途上国での生産を始めることになる。途上国の工場をうまく使えば、企業は製造コストを下げられ、競争力が増すが、自国の工場労働者は解雇される。

経営者側に労働力の選択肢ができたことで、経営者と労働者の力関係は、大きく経営者寄りに傾くことになった。労働者はかつてなら工場で大規模ストを実施して賃上げを求めることができたが、膨大な途上国の労働者が代替候補となった状況では、大規模ストは解雇につながりかねない危険な賭けになった。労働者が交渉力を失ったのだ。

例えば米国では1960年ごろまで、労働者の3分の1が労働組合に加入し、経営者と渡り合う力を維持していた。利益は着実に労働者に分配され、所得格差はそれほど大きくなかった。

しかし、それ以降、労働組合の組織率は右肩下がりで低下を続けた。その要因の一つは、労働組合運動があまり熱心でなかったサービス産業が広がったことだが、より大きな要因は事業の海外移転だった。

それと並行して大企業は、ロビイストや政治献金をフル活用して、労働法の弱体化、セーフティネットの縮小などの成果を手にしていく。

現在、米国では労働組合の組織率は6％程度まで低下しており、労働組合が団結して経営者に対抗する力を持ち得なくなった。それはとりもなおさず、労働者にとっては賃上げを勝ち取りにくくなることを意味した。

労働者たちが抵抗を試みることはあった。米国の2016年の大統領選挙で共和党のドナルド・トランプが民主党のヒラリー・クリントンを破ったが、その原動力の一つは弱体化された労働者たちだった。

米国の中西部ミシガン、ペンシルベニア、ウィスコンシン、オハイオなどは共和、民主が競り合うスイング・ステートとして知られているが、その地域では主要産業の自動車産業、鉄鋼産業が工場を国際展開した。地元の工場は閉鎖され、グローバル対応できない中小企業は競争力を失い、地域経済は疲弊し、衰退が進むラストベルト（さびた工業地帯）と呼ばれていた。

トランプはそこで中国に流れた雇用を取り戻し、米国を再び偉大にすると訴えた。労働者からの支援を取り付け大統領の座を手にしたトランプは、中国からの輸入品に高率の関税を課すなどの措置を実施した。

しかし、そもそも雇用が失われたのは米国の大企業が工場を移転したからであり、対中高関税は根本的な解決策にならない。実際、多くの米企業は次善の策として、生産拠点を中国からASEANなどに移しており、国内の雇用を優先する方向への本格的な転換は起きていない。

## ピケティが格差拡大の要因と指摘した「大企業の重役たちのすさまじく高額の報酬」

企業経営者は、オフショアリングを活用しコストを引き下げれば、国内の従業員の賃金には低下圧力がかかる一方、企業業績は上がり経営者の報酬には上昇圧力がかかる。平たく言うと、**従業員の賃金を下げることで、経営者の賃金が上がる**仕組みになったのだ。

従業員と経営者の所得格差は開き、ジニ指数で測定される所得格差は、1970年から現在までに約30％増加している。富の分布の上位1％が富全体に占める割合は、1980年の25％から2016年には40％にも増加している。

格差の拡大は、富の偏在をもたらしている。富裕層の所有する富の量は半端ではない。スイスの大手金融機関、UBSによると100万ドル以上の富（不動産など非金融資産を含む、2023年）を保有する富裕層は世界で5800万人いる。UBSのサンプル全体に占める比率は1・5％だが、その人たちが世界の富の47・5％に当たる213兆ドルを保有している。その一方で、保有する富が1万ドル以下の層は14・8億人で、全体の39・5％を占めるが、保有する富は2・4兆ドル。富の0・5％を保有しているに過ぎない。

格差に関しては、経済学の世界でも取り上げられ、とりわけ注目されたのが、フランスのパリ経済学院教授のトマ・ピケティが著した『21世紀の資本』である。

1980年以降、米国の格差が急速に開いたことについてピケティは、賃金格差が前代未聞の拡大を遂げた結果で、なかでも大企業の重役たちがすさまじく高額の報酬を受け取ることになったことが大きいと分析している。

経済論的な側面からは、「資本収益率」に注目している。経済学で使われるモデルは、すべての所有者にとって資本収益率は等しいと想定するが、実際には規模の経済が働いて、大規模なポートフォリオに高い収益率がもたらされ、裕福な人たちが高い収益率を手にする可能性が十分にあると指摘している。

結論として「民間資本収益率が、所得と産出の成長率を長期にわたって上回り得る。それは過去に蓄積された富が、産出や賃金より急成長するということだ。その結果、事業者は不労所得生活者になってしまいがちで、労働以外の何も持たない人々に対してますます支配的になる。それが長期的な富の分配動学にもたらす結果は潜在的にかなり恐ろしいが、この富の分配の格差拡大は世界的な規模で起こっている」と強調している。

いったん豊かになれば、運用などでその富を増やすのだが、運用などによる収益率の伸びのほうが、一般の人が働いて得る収益の伸びより高いため、格差は広がる。そしてそうしてためた富がある一定の水準を超えると、ますます増えやすくなり、結果的にビリオネアがどんどん増えているというのである。

現在、豊かな人はより豊かになり、アマゾンの創業者、ジェフ・ベゾスやフェイスブック（メタ・プラットフォーム）の創業者、マーク・ザッカーバーグなどビリオネアが、その資金力に物を言わせて政治を動かす時代になった。多くの企業経営者は株主側につき、所得層でいえば上位に吸収され、従業員の賃金はあまり上がらない。多くの人が、仕事が不安定で賃金が低く、福利厚生がほとんどなく、労働者が消耗品であると感じる世の中になった。

失われたのは中産階級である。経済社会の健全性を保つためには幅広い中産階級が必要で、先進国においてその中産階級の基盤となってきたのが製造業やそれに付随するサービス産業の比較的賃金が高い労働者たちだった。しかし、そうした労働者は途上国との競争にさらされ厳しい立場に追い込まれていった。

それは資本主義が求める成長の姿なのだろうか。それで本当に会社の価値は保ち続けられるのだろうか。

グローバル化に伴い、規制やセーフティネットが働きにくくなり、ただお金の論理だけが前面に出て、過去に何度も過ちを繰り返してきた、弱者切り捨ての資本主義に戻っただけなのかもしれない。

# 3　利益優先がもたらした環境悪化

## あくなき成長を求めるエネルギー資源採掘

株式資本主義がつきつけたもう一つの問題は、利益を追い求めた活動が引き起こす環境悪化だった。資本主義は人的資本と生産資本をベースに組み立てられている経済の枠組みだが、資源の採掘などを通した経済活動によって、資本主義で捉えられる市場の外で、大気汚染、水質汚濁、温暖化などという環境悪化が起きた。企業はそうした損失や不経済を意図しておらず、環境規制という国の介入が必要になる。

また天然資源などは消費可能な要素として捉えられがちだが、再生可能ではなく、最終的には枯渇する可能性があるとしたら、それは資本として捉えられるべきかもしれない。環境問題が資本主義の在り方の見直しを迫る可能性もある。

環境悪化は19世紀から、社会問題となってきた。産業革命後の英国、ロンドンでは、石炭の燃焼に伴って排出されるスモッグが深刻で、多くの人が肺疾患で死んでいる。1950年代には米ロサンゼルスでスモッグが発生し、学校が閉鎖されるなど大気汚染が問題になり始めていた。

日本では19世紀末には、栃木県で古河機械金属が採掘していた足尾銅山の精製時に発生する鉱毒被害が、渡良瀬川流域にまで広がった。第二次世界大戦後の高度成長期には、三井金属鉱業神岡鉱山（岐阜県）の未処理排水が富山県の神通川流域で起こした「イタイイタイ病」、熊本県のチッソ水俣工場の工業廃水によって不知火海沿岸で起きた「水俣病」、三重県の四日市コンビナートの石原産業、中部電力、三菱油化（三菱ケミカルホールディング）の工場・発電所による大気汚染が引き起こした「四日市ぜんそく」の患者多発など、公害が相次いだ。

近年、環境の悪化は加速している。石油やガスは、エネルギー源や石油化学製品の原材料として経済発展に大きな役割を果たしており、一層の成長を求めて資源のあくなき探査が進められているが、それは化石燃料として使われ二酸化炭素を排出するという問題だけでなく、その開発・採掘などの過程でもさまざまな環境被害を生み出している。

典型的な例がタール・サンド（オイル・サンド）である。掘削地域から水を抜き、森林などを取り除き、タールがしみ込んだ堆積物を露出させる。その際、二酸化炭素を吸収する森林が破壊され、そこに住む動植物を死滅させる。

堆積物を大型ショベルですくい上げ、巨大なダンプカーで、抽出工場に運ぶ。ショベル、ダンプを動かすためかなりのディーゼルエンジンを使うことになる。タール・サンドが深いところにある場合は、高温の蒸気を注入して液体を抽出するが、そこで汚染水が発生し、健康被害をもたらすリスクが高まる。

タール・サンドの大産地であるカナダ政府は、開発会社は開発・採掘段階で排出される温暖化ガスが多いことは認めつつも、「タール・サンドは北米のエネルギー安全保障にとって重要だ」と強調する。カナダ政府やカナダの銀行は環境問題などに関してはクリーンなイメージを持たれているが、タール・サンドの話になるとまるで別人のようだ。


タール・サンドと並び環境問題が懸念されているのが、シェール・オイル、シェール・ガスである。シェール・ガスの採掘は、まず1000メートル以上の縦穴を掘り、シェール・ガス層に届いたら、横穴を掘って、パイプを作る。そこに水に砂状の物質などを混ぜたフラクチャリング流体と呼ばれる液体を注入し、高い圧力をかけ、シェール・ガス層にフラクチャー（割れ目）を作り、そこからガスを回収する。

これは水圧破砕法と呼ばれているが、フラクチャリング流体が地下に残ったり、地上で回収された後に井戸に捨てられたりして、地下水などの水質汚染を引き起こす。地下水を飲料用として使うことが多い米国では、地下水による周辺住民の健康被害が懸念されている。

とはいえ、シェール・ガスやシェール・オイルは、米国のエネルギー戦略上欠かせない重要資源だ。その開発で、米国は世界最大の産油国になり、石油輸出国機構（ＯＰＥＣ）などが握っていた原油の価格決定メカニズムに強力なくさびを打ち込んだ。まさにエネルギー安全保障の切り札だった。

そして株主資本主義のメカニズムでは、そうした化石燃料開発に巨額の資金が流入する。化石燃料を使う火力発電などは成長を支える原動力であるためだが、NGOのバンクトラックなどが2021年3月にまとめた銀行の環境破壊への関わりを分析するリポートによると、温暖化防止のパリ協定が締結されて以降5年間で、世界の主要銀行60行が実施した化石燃料ファイナンスの総額は3兆8000億ドルにものぼる。これはドイツの1年のGDPに匹敵する規模である。あくなき成長を求める資本主義が、環境問題の根っこに横たわっている。

## 環境がつきつけたスピード調整——京都・パリの圧力

環境の悪化は、環境対策の強化を求める世論に火をつけ、それは成長最優先の資本主義の在り方に疑問を投げかけることになる。

環境悪化のなかで、特に重要と見られるようになったのは地球温暖化である。国際連合環境計画(UNEP)と世界気象機関(WMO)が1988年に設けた「気候変動に関する政府間パネル(IPCC)」は1990年に、温室効果ガスの増加に伴う地球温暖化の科学的、社会的、経済的な評価の第一次評価報告書をまとめ、「温暖化で気候変動が生じる恐れは否定できない」と指摘した。

これを受けて、1992年にブラジルのリオ・デ・ジャネイロで環境と開発に関する国際連合会議(地球サミット)が開かれ、気候変動を抑制するため、大気中の二酸化炭素濃度を削減する国際的な枠組みを定めた。採択された国連気候変動枠組条約（ＵＮＦＣＣＣ）は、温室効果ガス排出削減などの枠組みを協議する最高意思決定機関として締約国会議（ＣＯＰ）を定め、１９９５年のドイツ・ベルリンで開いたＣＯＰ１から毎年開かれるようになった。

１９９７年には京都市・宝ヶ池でＣＯＰ３が開かれ、先進国に温室効果ガス排出削減目標を課す「京都議定書」を採択した。削減目標は２００８年から１２年までの５年間で、１９９０年対比、ＥＵがマイナス８％、米国がマイナス７％、日本がマイナス６％などとされた。対象が先進国に限られているとはいえ、具体的な温暖化防止規制を導入する画期的な会議となった。

２０１５年にフランス・パリで開いたＣＯＰ２１は、２０２０年以降の温室効果ガス排出削減等のための新たな国際枠組みとして「パリ協定」を採択した。産業革命前からの世界の平均気温上昇を「２度未満」に抑え、努力目標として「１・５度未満」を目指すことにした。先進国だけでなく、新興国も含む全参加国が参加する初めての枠組みとなった。

気温上昇を「２度未満」に抑えるには、２０７５年頃には脱炭素化する必要があり、努力目標の「１・５度未満」に抑えるためには、２０５０年に脱炭素化しなければならないことになる。地球温暖化防止のための脱炭素化、「ネットゼロ」社会を目指す大きな運動が始まった。

この環境規制の動きは、資本主義にとって厄介な側面を持っていた。

資本主義、とりわけ株主資本主義は利益優先で、安い資源を大量に使ってコストを抑えることで、利益を高めようとするが、それを極めれば極めるほど環境を悪化させてしまうからだ。環境問題が足尾やロンドンなど局地にとどまっていれば、まだ対処の仕方はあったのだろうが、株主資本主義は世界中に活動の場を求め、それに伴って環境問題を世界的な規模にしてしまった。スピード調整をしないと、成長を求めることに伴う環境悪化の影響が、成長よりも大きくなる恐れが強まってきたのだ。

とりわけ、パリ協定で主要国がネットゼロ社会を目指すことを確認した状況下においては、これまでと同じように化石燃料依存を続けていいわけではない。エネルギー源を化石燃料から再生エネルギーに移行させていくことが求められている。それは成長の阻害要因になり、場合によっては生活水準の切り下げにつながりかねない。

## 4 ― 途上国は踏み台でいいのか

### 犠牲になる途上国の環境

環境問題は、株主資本主義がグローバルな広がりを見せるなかで、途上国を舞台に、環境を無視して株主利益が追及されることで、世界的に広まってしまった側面もある。

欧米の大手企業が外国で直接、環境破壊をもたらした例として、2010年にメキシコ湾での、英石油メジャー、BPの石油掘削施設「ディープウォーター・ホライズン」の爆発事故がある。500万バレル近い原油が海に流出した。

そもそも深海での原油探査は環境破壊などのリスクが高いと言われており、化石燃料の削減を目指すなかにあっては批判されてきた。BPは、掘り当てたときに得られる高い利益を目指して探査をしていたが、事故を起こし、およそ3か月にわたり原油を流出させ続けた。メキシコ湾の自然環境、生態系に甚大な悪影響を及ぼしたと見られている。

先進国の企業が直接、外国で活動するのではなく、資源を購入することを通じて、事実上、購入先の現地企業による環境破壊を後押ししているケースも少なくない。

先進国企業の論理は利益追求であり、途上国に安価な資源や原材料を求めるのは当然と受け止めている。また、途上国側も資源を輸出して外貨を稼げるのなら、その国の国民にもプラスになり得るとしている。

やっかいなのは、資源獲得が環境悪化を引き起こすようなケースである。先進国はすでに公害問題などを経験し、規制も整備されており、自国での資源獲得は限界があるため、海外に頼る。海外でも例えば森林伐採などを伴う資源獲得が環境悪化を招くのは同じだが、途上国の場合はまだ環境に対する意識が先進国ほど高くなく、環境悪化を防ぐような規制が整っていない。そのため現地の業者が合法的な活動として森林伐採を行い、結果的に、本来、失われれば国家や世界に重大な損失をもたらすような環境破壊が起きてしまう。

その一例として、インドネシアのスマトラ島などでの自然林破壊がある。自然環境保護団体の世界自然保護基金（ＷＷＦ）は、インドネシアの財閥企業グループであるシナール・マス・グループの製紙メーカー、アジア・パルプ・アンド・ペーパー社と、インドネシアの実業家が所有するシンガポールのロイヤル・ゴールデン・イーグル・グループの製紙メーカー、エイプリル社が、製紙原料となる木を植えるため、自然の熱帯林を破壊してきたと指摘している。

製紙用木材は現地で加工され輸出されるほか、そのまま木材として輸出され輸入国で加工されるケースがある。実は日本で流通するコピー用紙のおよそ4分の1はインドネシア産木材を使っている。

日本の製紙会社は、国内で原料の木材を調達すると高くつくので、利益をあげるために価格の安いインドネシア産に頼る。それは現地企業にとってビジネスチャンスではあるため、限りある資源を最大限活用しようとするが、それが先住民の生活を破壊したり、環境悪化を招いたりしている。

スマトラ島は1980年代には自然の熱帯林に覆われていたが、今ではその60％が失われた。失われた熱帯林の面積は東京都の12倍の250万ヘクタールに及び、その分、地球温暖化に大きな影響を及ぼしたと考えられている。

似たようなことは、ブラジルのアマゾン川流域でも猛然と進んでいる。インドネシアやブラジルの熱帯林は大気中の二酸化炭素を大規模に吸収し地球環境を保つのに極めて大きな役割を果たしてきたと考えられているが、その自然の調整機能が確実に損なわれつつある。

利益最優先の株主資本主義による途上国の犠牲は、森林破壊だけにはとどまらない。コストを削減するため、現地の生産者保護の仕組みを壊したり、流通網を破壊したりしたのだ。

フランスのジャーナリスト、ジャン＝ピエール・ボリスは、2005年に『不公正な貿易――一次産品の暗黒小説』（邦訳『コーヒー、カカオ、米、綿花、コショウの暗黒物語―生産者を死に追いやるグローバル経済』作品社）のなかで、先進国企業が進出するコーヒー、カカオ、米、綿花、コショウ生産現場の厳しい状況を紹介している。

例えば、ロンドンの中心部の喫茶店で飲まれるコーヒー一杯の値段のうち、（ベトナム、ブラジルなどの）生産者の取り分は1％しかないことを紹介している。大手コーヒーメーカーはインスタントコーヒーの原料豆の調達をインターネットオークションで実施するが、供給者は供給量を示したうえでオークションに参加し、その順位が通知される。そして落札されたければ価格を下げるよう促され、価格が下げられ落札される。

カカオの大産出国、コートジボワールでは安定化基金がその価格を支える役目を担ってきたが、世界銀行が民営化圧力をかけ、安定化基金は解体された。そこに外国の大企業が参入し、生産や流通経路を握られた。世銀はその後、流通改革に取り組んだが、農民がカカオの国際価格からわずかしか受け取れない状況は大きく変わっていない。

ジャン＝ピエール・ボリスは「1980年代初頭より始まった規制緩和は農民や国家を破産に追い込んだ。消費者と生産者の間では力が対等ではないため、市場原理が正しく機能していない。近い将来、投機筋の資金が非常に顕著な形で市場に注ぎ込まれることにより、相場の不安定性は助長されるだろう。食料の価格決定に際して、その価格は生産者の要求とますます乖離し、ファンドマネージャーやその出資者の意向がますます反映されるようになる。システムをこのような状態に放置することは自殺行為である。農民を保護するための一連の手段を緊急に講じなければならない」と訴えた。

途上国への度を越えた環境破壊や、無謀な市場原理の導入を防ぐことを期待したいが、途上国側も、貧困から抜け出すため開発を進めたかったり、業者が政治力を持っていて規制が難しかったりするなど、さまざまな事情を抱えており、十分な規制を導入するのは簡単ではない。

先進国で途上国から資源を輸入する側に、サプライチェーンの全般にわたって環境悪化などを招かないよう注意する手法もあるが、それには利益最優先の見直しが必要になる。

## 開発と環境の調和を──点灯した成長へのブレーキ

実は、この先進国の資本主義が、途上国に悪影響を及ぼす問題に対しては、かなり古くから対応が模索されてきた。

ノルウェーの環境相、首相を歴任した労働党のグロ・ハーレム・ブルントラントを委員長とする国連の、環境と開発に関する世界委員会は、１９８７年4月に報告書「私たちの共通の未来」をまとめた。

報告は「今日、酸性雨、熱帯林の破壊、砂漠化、温室効果による気温の上昇、オゾン層の破壊等、人類の生存の基盤である環境の汚染と破壊が地球的規模で進行している。背後には過度の焼畑農業による熱帯林破壊に見られるような貧困からくる環境酷使と、富裕に溺れる資源やエネルギーの過剰消費がある。（中略）いまや人類は、こうした開発と環境の悪循環から脱却し、環境・資源基盤を保全しつつ開発を進める『持続可能な開発』に移行することが必要である」と強く求めた。

また、国連は2015年にニューヨークの国連本部で、「国連持続可能な開発サミット」を開き、成果文書として「我々の世界を変革する：持続可能な開発のための2030アジェンダ」を採択。そのなかで17の目標と、169のターゲットから構成する「持続可能な開発目標（SDGs）」を掲げた。17の目標は、「貧困をなくそう」、「エネルギーをみんなに、そしてクリーンに」、「つくる責任使う責任」、「気候変動に具体的な対策を」、「海の豊かさを守ろう」などである。

先進国で普通に考えれば当然と思える項目ばかりだが、途上国ではそんな常識は通用しなかった。自国で高い倫理を掲げ高評価を勝ち得ている先進国の企業や金融機関が、進出先の国では、その国の事情に全く配慮しないで金儲けに走ったり、人権を全く顧みなかったり、汚職に手を染めたりしていた。

しかし、17の目標が示されたことによって、先進国の企業が途上国で実施している行為についても、チェックしやすくなった。ダブルスタンダードが通用しなくなり、先進国の企業は途上国でのオペレーションを含むすべての行動において、目標に合っているかどうかを自問せざるを得なくなった。経済活動もこれらの目標に照らして評価されるようになりつつある。

株主資本主義は、この面でも、株主利益を最優先に追求する方針の見直しを迫られている。

# 5 金融危機が突き付けた転換「強欲の失敗は公的資金で」の論理破綻

## 株主資本主義の破綻——金融危機で再び政府介入

世界中に影響力を強め、資本主義の勝者のように見えた株主資本主義だが、破綻の時を迎えることになる。

株主資本主義が想定していた理想は、政府の介入を小さくする規制緩和によって競争を促し、そのなかで企業が株主の利益を追求することで、生産性が高まったり、技術革新が起きたりして、経済が成長する姿だ。ところが、2007年から2008年にかけて起きた世界的な金融危機では、企業（銀行）が利益を高めるためのリスクを取り過ぎて行き詰まり、その悪影響を回避するため、政府によっての救済を余儀なくされ、大きな政府への逆行を招くことになる。

きっかけは、米国での信用力の低い個人向け住宅融資（サブプライムローン）問題だった。住宅融資は通常、会社員など一定の収入が安定的にあり、返済ができると見込める人々に長期の資金を貸し付ける。ところが2000年代に入ってからの米国で、安定的な返済が見込みにくい人々にまで融資する仕組みが開発される。米国では住宅を持つことは「アメリカン・ドリーム」であり、それを幅広い層に広げたいという政府の考えに便乗して、新しい融資は急速に普及した。

仕組みは、金利を当初2、3年は所得の低い層でも返済しやすいかなり低い水準に抑え、その後、高い水準に変わるよう設計した。借り手から見ると、将来、給与が上がらないと返済が苦しくなる可能性があるが、金融機関は当初金利の低さを最大限PRして、低所得者などの住宅を持ちたいという心理をくすぐることに成功し、融資を拡大させた。この融資の拡大は、住宅購入の拡大につながり、それが住宅価格を押し上げた。

金融機関は信用力の低い人に融資し、その返済が滞れば、損失が出ることになる。この融資では金利が低い2、3年が過ぎると返済が滞るリスクが極めて高かったが、返済が滞った場合は、担保である住宅を取り上げて、それを売却すれば、住宅価格は上がっているため、損失は出ないと考えた。返済できない人を住宅から追い出すことになるが、それは借りた人の自己責任というわけだ。

そして、そうした住宅融資をまとめたものを担保にした新しい商品（証券化商品）が作り出され、それが世界中に売られた。もともとのサブプライムローンの金利（当初2、3年の低金利期間が過ぎた後の金利）は普通の融資より金利が高めなため、それを担保にした証券化商品の金利も高めに設定され、高い運用利回りを得たい投資家を引き付けた。その際、証券化では多くの住宅融資を事実上束ねるため、大数の法則が働き、リスクは低いと説明された。

しかし、この仕組みには、いくつもの欺瞞があった。最大の欺瞞は、融資する際に金融機関が借り手に、そのリスクをきちんと伝えていないことだった。そもそも金利が3年後から上がる仕組みが理解できない人を勧誘したり、仕組み自体をあまり説明しないまま勧誘したりした。返済ができなくなった場合に、住宅が取り上げられ、追い出されることも周知されないケースが少なくなかった。説明はしても、難しい金融用語を多用しており、借り手が理解していないことが多かった。

そんな住宅融資をまとめて証券化した商品が、金利は高いが安全だというのも欺瞞だった。大数の法則による安全性だとして、米国の西海岸と東海岸の両方の住宅融資が組み込まれ、リスクは（地理的に）分散されていると主張され、高い格付けがつけられたが、米国の景気が悪くなると西海岸も東海岸も同時におかしくなる。信用の程度を示すはずの格付けが、その裏にあるリスク評価のお粗末さを隠すことに利用されていた。

欺瞞に満ちていても、住宅価格が上がり続けていれば、返済ができなくなった人は追い出されるが、金融機関はそれを売って利益を出せるので、事なきを得る。ところが、2006年半ば、米カリフォルニア州で1990年代初めから右肩上がりに上がり続けてきた住宅価格が下落に転じ、下落は全米各地へと広がっていった。米国では政策金利が2003年の1％から段階的に引き上げられ2006年には5％を超え、それが住宅バブルの破裂につながったのだ。

最初の2、3年の低金利期間が過ぎた借り手の返済不能が相次ぎ、金融機関は借り手を追い出したものの、担保の住宅は思ったように売れず、売っても赤字が出たため、サブプライムローン業務に注力していた大手金融機関が赤字決算に陥り、２００８年秋にはリーマン・ブラザーズが破綻する。住宅融資を証券化した商品も、担保物件の価格下落を受けて価値が大きく損ねられ、それを購入していた英国の銀行で取り付け騒ぎが起きるなど、世界的な金融危機に陥った。

欧米政府は金融危機が深まるのを回避するため、金融機関に巨額の公的資金を投入するとともに、緩和を続けてきた金融規制を大幅に強化した。サブプライムローンの失敗は、政府の介入縮小、規制緩和というレーガン、サッチャー以来のアングロサクソン資本主義が持続不能になって破綻したことを意味していた。

株主資本主義の行き詰まりが、株主資本主義を推し進めた銀行で起きたのは皮肉な現実である。株主利益の極大化を目指したが、利益を極大化するには高いリスクを取る必要がある。銀行が借り手を事実上だまし、住宅価格の一段の上昇に賭けるという、あまりに常軌を逸したリスクテークは裏目に出た。

行き詰まる前、数千万ドルの年俸を食んできた米国の金融機関経営者は「アメリカン・ドリーム」の象徴と見られていたが、公的資金で救済された後は、たとえ居座ることに成功しても、尊敬の対象ではなくなった。

## 頻発する抗議活動

金融危機は株主利益を追求した金融機関が過度のリスクテークに失敗したものだったが、その責任はあいまいなまま、公的資金で救済されたことに対し、世界的な抗議活動が活発になった。それは、金融危機を招いた背景にある株主資本主義への見直し圧力となる。

まず標的にされたのは、危機を起こしたにもかかわらず、公的資金で救済された金融機関だった。2011年秋に起きたのが、「ウォール街を占拠せよ」と言われる抗議活動である。きっかけは米大手証券会社、リーマン・ブラザーズの破綻による、経済の低迷だった。政府は危機拡大を防ぐため、野放図な金融商品販売で危機を起こした多くの金融機関に公的資金を投入して救済したが、救済された大手金融機関の最高経営責任者（CEO）たちは何千万ドルもの年俸を手にし続けた。

その一方で若者の失業率は高いままで、政府が救済したのは全体の1％に過ぎない富裕層だったと批判が高まった。「我々は99％」という主張が経済低迷に苦しむ国民を引き付け、公園の占拠などの抗議活動につながった。

米国の政界では、富裕層と対決し、富を配分すると訴えてきた異端の米上院議員のバーニー・サンダース（バーモント州）が支持基盤を広げていった。支えたのは大学生を中心とする若者だった。ミレニアル世代の若者は、高騰する教育費の負担を求められ、在学中に学生ローンに頼り、それを抱えたまま卒業していった。ニューヨークやカリフォルニアなど大都市ではアパート賃料が高騰し、生活はぎりぎり。家も購入できなければ、結婚もためらうなど、かつての米国とは様変わりの現実に直面していた。

若者はかつて、富裕層は勝者であり、その地位を手に入れることがアメリカン・ドリームであるとして、格差社会を受け入れていた。それは貧しくても、大学で学べば道は開けるという前提があったからだ。ところが、巨額のローンを抱えて大学を卒業する時代になって、かつてのアメリカン・ドリームを追い求めることは非現実的になっていることに気づきだした。しかも、アメリカン・ドリームの象徴とされた金融機関の経営者が公的資金を受けながらも、巨額の報酬を手にするモラルハザードも蔓延していた。

そうした現状を目の当たりにした若者がサンダースの主張にとびつくのに時間はかからなかった。サンダースが掲げたのは、大学の授業料の無償化、学生ローンの免除であり、市場原理主義の陰で貧しくなった学生に寄り添ったものだったのだ。

一方、フランスでは2018年11月から、黄色いベストを着た市民がデモをする「イエローベスト運動」が展開された。石油製品特別税（燃料税）の引き上げをきっかけに、生活費の高騰に対する不満が噴出した。

燃料税は環境対策の一環として予定されていたもので、それ自体への反発が強いわけではない。むしろ大統領のエマニュエル・マクロンが進める構造改革への不満が高まり、燃料税率引き上げをきっかけに反政府的な暴動につながったとみられている。

マクロンが進めた構造改革は、労働面では解雇補償の引き下げ、税制面では一般社会税（社会保障財源）の引き上げ、富裕税の減税、キャピタルゲイン減税など。前任の大統領オランドが進めた社会主義的な経済政策から急速に市場原理主義的な方向にかじを切ろうとしたことが背景にある。

富裕層を富ませる株主資本主義がフランスに及びつつあることへの、労働者側からの抗議運動の側面が強かった。デモは週末に実施され、多いときは10万人近くが参加。デモ隊が過激化し、警察と衝突して、多数の死者も出ている。

## コロナが問う何のための資本主義

2020年に始まった新型コロナウイルスの世界的感染（パンデミック）も、格差を広げた株主資本主義を揺さぶることになる。

米国では同じ地域で、所得の低い黒人の感染率、死亡率が白人より大幅に高い状況が現出する。黒人世帯の所得は白人世帯の所得の6割程度だが、その格差が感染率、死亡率という生きている価値にまで及ぶものであることが白日の下にさらされた。かつて支配層の白人が黒人を奴隷として使っていたころの光景を思い起こさせるような事態である。さすがに市場原理主義がもたらした「金がすべての世界」は本当に正しいのかという疑念が世界的に強まった。

コロナ対応のなかでも、株主資本主義の在り方は修正を余儀なくされる。企業の経営を巡っては、配当益などで利益をあげようとする株主と、企業に雇われ生活を維持している従業員の利害が交錯するが、株価が上がっている間、会社は双方の利益を満たせる。しかし、新型コロナウイルスの感染拡大は一部の企業に株主を取るか、従業員を取るかの選択を迫り、株主に手厚い株式文化の在り方が問われる事態となった。

具体的には、新型コロナウイルスが猛威を振るうなかで、欧州中央銀行（ＥＣＢ）は２０２０年３月、銀行などに対して配当支払いと自社株買いの先送りを求めた。

ＥＣＢは「銀行は新型コロナウイルス危機時において、家計、中小企業、企業に対する役割を果たすため、資本を節約し、実体経済を支える力を維持する必要がある。それらは、配当や自社株買いに優先する」と主張した。

銀行は株式を発行して投資家から資本を調達して、それを原資にして事業を展開する。配当は資本を提供する投資家への見返りであり、それは株式文化の源泉である。ただ、銀行が家計などの金融を支える社会的責任を負っているのは事実で、先の金融危機時には各国政府が銀行に公的資金を投入して事実上救済したいきさつもある。社会的責任を鑑みて、コロナ危機時には比較的裕福な投資家に報いることより、家計、中小企業に対する社会的責任を優先することを求めたのだ。

ＥＣＢは銀行の監督機関でもあり、イタリアやオランダの銀行が相次ぎ利益配当の中止を表明した。

一方、米国では配当へのこだわりが強かった。クルーズ船を運航するロイヤル・カリビアンは、3月からクルーズ船の運航を停止し、契約従業員の解雇を始めた。しかし予定していた自社株買いは中止せず、配当支払いも続けた。ほかにもゼネラル・モーターズなどが、従業員の解雇、給与削減などを実施する一方で、株主還元を維持している。

配当をするかどうかは、企業判断に委ねられている。米国で株主還元が禁じられるのは、大規模経済対策によって政府から資金援助を受ける企業だけだ。しかし、社会的責任の観点から、企業を見る目は厳しくなっている。見返りの配当へのこだわりが強い投資家がいる一方で、企業の持続可能性を重視して社会システム全体を踏まえた株主還元を求める声もあった。とりわけ自社株買いについては、投資する富裕層や経営幹部を富ませる意味合いがあり、従業員を解雇しながら実施すべきではないとの意見が強まった。

1990年代以降、貧富の格差が急拡大した背景の一つに、株価の上昇がある。余裕のある富裕層は株式投資を増やし、そこから得られる配当益で所得を増やしていった。世界的に配当には所得税に比べて有利な税制が用意されており、結果的に富裕層が税制優遇を受けやすくなっている。新型コロナという未曽有の危機に見舞われ、ECBは富裕層優遇を続ける余裕がなくなってきたと判断した格好であり、米国でも民主党の左派などに同様の考え方が根強い。

新型コロナの世界的流行（パンデミック）という特殊な状況がきっかけではあるが、富裕層を優遇する株式文化にメスが入り始めた。それは批判が強まっていた株主資本主義に、さらに大きな修正圧力としてのしかかっている。

# 第4章 新しい資本主義の模索

## ゆがみの修正は可能か

株主資本主義の行き詰まりが明白になるにつれて、それを修正した新しい資本主義の議論が活発化している。株主だけでなく労働者や地域配慮も重視するステークホルダー資本主義や、弱者を取り残さないインクルーシブ資本主義を目指す動きが活発になっている。

また環境の悪化に対しては、環境技術の開発、導入で環境を守りながら、成長の実現も目指すグリーン資本主義が模索されている。ただ、環境悪化に伴う地球温暖化が想定以上に進んでいるため、資本主義の前提となっている成長そのものを見直すべきだとの声も強まっている。

## 1 ステークホルダー資本主義 利益至上主義からの転換

### 資本主義の先祖返り？

利益優先で貧しい人たちを犠牲にしたり、格差の拡大をひどくしたりする株主資本主義への批判は、企業行動に変容を迫り、株主だけでなく、従業員、納入業者、地域社会など幅広い関係者を重視する「**ステークホルダー（利害関係者）資本主義**」への志向を強めることになる。

「私たちは、60年前に米国で当然と思われていた資本主義への回帰の始まりを目の当たりにしているのかもしれない」。ビル・クリントン政権で労働長官を務めたロバート・ライシュは2014年に、こんな書き出しで始まる「ステークホルダー資本主義の復活」というコラムを書いている。

ライシュによると、かつてほとんどの最高経営責任者（CEO）は、すべてのステークホルダーに対して責任があると考えていた。その一例として挙げられているのが、製薬・ヘルスケアのジョンソン・エンド・ジョンソンの創業者一族で元会長のロバート・ウッド・ジョンソンＪｒが、上場直前の１９４３年に自ら作成した「当社の信条」である。

内容を調べてみると、「当社の第一の責任は、患者、医師、看護師、母親、父親、その他当社の製品とサービスを使用するすべての人に対するものだ。私たちは、世界中で一緒に働く従業員に対して責任がある。私たちは従業員の健康と幸福をサポートし、従業員が家族やその他の個人的責任を果たすのを支援しなければならない。私たちは、私たちが暮らし、働いている地域社会、そして世界に対しても同様に責任がある。私たちは環境と天然資源を保護しながら、使用する特権を有する財産を適切な状態に維持しなければならない。最後の責任は株主に対するものだ。ビジネスは健全な利益をあげなければならない」と掲げられている。

ライシュは、ステークホルダーに配慮する経営が変質したことに関して、１９８０年代に、他の利害関係者を見捨てれば株主により大きな利益をもたらせるはずなのに、それをしていない企業に対する、非友好的な買収が始まったことが大きいと見ている。

そうした買収者は、企業が労働組合と闘い、労働者の賃金を削減または労働者を解雇し、可能な限り多くの仕事を自動化するか、海外に雇用を移転し、工場を閉鎖し、コミュニティを放棄し、顧客を圧迫すれば利益が増えるだろうと考えた。

実際、利益は増えたが、その一方で、ほとんどの米国人の賃金は横ばい、または減少しており、経済的不安は増大し、放棄されたコミュニティが国中に残っている。

記録的な企業利益、あり得ないほど高騰したＣＥＯの報酬、そしてウォール街の金融カジノを見ると、私たちには行き過ぎた株主資本主義ではなく、もう少しステークホルダー寄りの資本主義が必要になる、とライシュは結論付けている。

株主資本主義とステークホルダー資本主義の議論に少なからぬ影響を及ぼしたのが、２０１５年９月に開いた国連サミットが採択した「持続可能な開発目標」（ＳＤＧｓ）である。貧困の撲滅など１７の目標を掲げているが、その一つに、「包摂的かつ持続可能な経済成長及びすべての人々の完全かつ生産的な雇用と働きがいのある人間らしい雇用を促進する」を盛り込んでいる。

文言を見ると、「包摂的で持続可能な経済成長の継続は、繁栄のために不可欠である。これは、富の共有や不平等な収入への対処を通じて可能となる。我々は、すべての人々のための働きがいのある人間らしい仕事をはじめとして、若者の雇用促進、女性の経済的エンパワーメントの促進を通じ、ダイナミックかつ持続可能な革新、人間中心の経済構築を目指す。我々は、強制労働や人身取引及びすべての形態の児童労働を根絶する」とある。

持続可能な開発目標は、株主資本主義に直接ふれているわけではないが、株主資本主義を通じて拡大した格差、利益を拡大するためにサプライチェーンのなかで行われていた児童労働などが、持続可能な経済成長につながらない、との考えを表明したのだ。株主資本主義への警鐘と言える内容だった。

## 株主が求め始めた持続可能性

国連からの警鐘を受けて、経済界は経営の軌道修正を模索するが、背中を押したのは「株主」からの意見だった。

米国にブラックロックという資産運用会社がある。米投資銀行、ファースト・ボストンでパートナーだったローレンス・フィンクらが、投資ファンドを運用するブラックストーン・グループの債券運用部門として立ち上げたブラックストーン・フィナンシャル・マネジメントを起源とし、1999年に株式公開している。資産運用業界では新興ではあるが、運用資産残高（2023年12月末時点）は10兆米ドルと、日本のGDPの2倍に相当する規模で、世界最大である。

資産運用会社というのは顧客から資産を預かり、顧客に代わって、顧客のために運用する受託者で、顧客から預かった資金で株式や債券に投資する。運用資産残高が世界一ということは、多くの上場企業の株主ということだ。

フィンクは投資対象の会社のCEOに宛てた手紙などで、「企業価値創造に悪影響を及ぼす短期主義の圧力に屈するべきではない」などと訴えてきたが、2018年のCEOへの手紙はそれまでより踏み込んだ、次のような内容になった。

「企業が継続的に発展していくためには、**すべての企業は、優れた業績のみならず、社会にいかに貢献していくかを示さなければならない。**企業が株主、従業員、顧客、地域社会を含め、すべてのステークホルダーに恩恵をもたらす存在であることが、社会からの要請として高まっている。

短期的な利益分配圧力に屈すれば、長期的な成長に不可欠な従業員の能力開発、技術革新への投資、設備投資等を犠牲にすることになる。そうした企業は、近視眼的かもしれないが明確な目標を提起するアクティビストの標的となるだろう。その先に見えるのは、退職後の生活、住宅購入あるいは高等教育のための資金に充てようと投資をした人々に、十分なリターンを返せないという結果だ」


米国の企業は震撼した。利益最優先を続けていると、アクティビストから標的にされかねないと、強く転向を迫られたからである。訴えているブラックロックはアクティビストではないが、行動を変えなければ投資した人々にリターンを返せなくなるという表現は、ブラックロックの投資対象から外れるかもしれないとの警告にも聞こえる。

世界最大の資産運用会社で、投資コミュニティには絶大な影響力を誇っているブラックロックの警告は、利益最優先の会社経営の方向性の修正を迫る大きな圧力になった。

## ビジネス・ラウンドテーブルの転向

株主資本主義への修正圧力の高まりを受けて、企業側は対応を余儀なくされた。米国に、「ビジネス・ラウンドテーブル」という組織がある。1972年に設立された米国経済のあらゆる分野を代表する主要企業の200人を超える最高経営責任者（CEO）で構成される団体で、米国の雇用の4人に1人、米国のGDPのほぼ4分の1を支えている、米国に本拠を置く企業を率いている。ワシントンで米国の主要CEOの代弁者としての役割を果たしており、経済政策で最も強力なロビー活動を展開している。

そのビジネス・ラウンドテーブルは1997年の「企業統治に関するステートメント」で、「ビジネス・ラウンドテーブルの見解では、経営陣と取締役会の最も重要な義務は、企業の株主に対するものである。他の利害関係者の利益は、株主に対する義務の派生的なものとして関係する」と規定していた。これが企業を株主資本主義へと走らせたのは間違いない。

しかし、2019年に、「新しいコミットメント」として、5項目の約束を掲げた。その内容は、次の通りである。

1　顧客に価値を提供する。顧客の期待に応え、それを超えることで先頭に立っている米国企業の伝統をさらに発展させる。

2　従業員に投資する。従業員に公平に補償し、重要な利益を提供する。また、新しいスキルを開発するのに役立つトレーニングや教育を通じて従業員を支援する。多様性と包括性、尊厳と敬意を育む。

3　サプライヤーと公正かつ倫理的に取引する。私たちの使命の達成を支援してくれる他の企業の良きパートナーとしての役割を果たすことに専念する。
4　私たちが活動するコミュニティを支援する。ビジネス全体で持続可能な慣行を採用することで、コミュニティの人々を尊重し、環境を保護する。
5　企業の投資、成長、革新を可能にする資本を提供する株主に長期的な価値を生み出す。私たちは透明性と株主との効果的な関わりに全力で取り組む。
そのうえで「私たちのステークホルダーは一人一人が必要不可欠だ。私たちは、企業、地域社会、国の将来の成功のために、それらすべてに価値を提供することを約束する」と強調している。

要は、**1997年には派生的としていた従業員などの利害関係者を、価値を提供する対象に引き上げた**のだ。

この変更に関してビジネス・ラウンドテーブルは、「新しい声明は、企業が『企業の投資、成長、革新を可能にする資本を提供する株主に対して長期的な価値』を生み出す必要があることを明確にしている。これが実践的に反映しているのは、企業が成功し、永続し、株主に価値を還元するには、株主に加え、顧客、従業員、地域社会を含む幅広い利害関係者の利益を考慮し、公正な期待に応える必要があるという現実だ」と説明している。

また、資本主義との関係については「この声明は自由市場システムを明確に擁護しており、自由市場システムは『すべての人に良い雇用、強力で持続可能な経済、イノベーション、健全な環境、経済的機会を生み出す最良の手段である』と指摘している。

新しい声明は資本主義の放棄ではなく、資本主義の恩恵がより広く共有されることを確保するための行動への呼びかけである」と念を押している。

ビジネス・ラウンドテーブルの会長をつとめていた米大手金融、JPモルガン・チェースの会長兼CEO、ジェイミー・ダイモンは「アメリカン・ドリームは生きているが、ほころびつつある。大手雇用主は、従業員やコミュニティに投資することが、長期的に成功する唯一の方法であることを知っている。これらの現代化された原則は、すべての米国民に役立つ経済を推進し続けるというビジネス界のゆるぎなき取り組みを映している」と強調した。

## ダボス・マニフェストの改定

株主資本主義をけん引してきたビジネス・ラウンドテーブルの転向は、世界的にも大きな影響をもたらした。

毎年1月、スイスのスキーリゾート、ダボスで世界経済フォーラム（WEF）が開く年次総会はダボス会議と呼ばれ、有力政治家や企業経営者などが集う。ダボス会議はその方針や意図を知らせるため、1973年にダボス・マニフェスト（ダボス宣言）を定めている。

そこにはまず「プロフェッショナルマネジメントの目的は、顧客、株主、従業員、そして社会に奉仕し、ステークホルダーのさまざまな利益を調和させること」とある。そして「経営者は、責任を負う経済事業を通じて上記の目的を達成することができる。このため、企業の長期的な存続を確保することが重要だ。十分な収益がなければ長期的な存続は保証できない。したがって、収益性は、経営陣が顧客、株主、従業員、社会に奉仕できるようにするために必要な手段だ」と説いている。ステークホルダーの利益も考えるが、収益が最優先との立場を鮮明にしていた。

ところがWEFは2020年にこのマニフェストを改定した。企業の目的について「すべてのステークホルダーを、共有された持続的な価値創造に参加させることだ。このような価値を創造する際、企業は株主だけでなく、従業員、顧客、サプライヤー、地域社会、社会全体といったすべてのステークホルダーにサービスを提供する。（中略）企業は富を生み出す経済単位以上の存在だ。それは、より広範な社会システムの一部として、人間と社会の願望を満たす。業績は株主への利益だけでなく、環境、社会、優れたガバナンスの目標をどのように達成するかによっても評価される必要がある」と指摘している。

73年にあった「収益性は、経営陣が顧客、株主、従業員、社会に奉仕できるようにするために必要な手段」という表現は削除され、新たに「活動範囲が多国籍である企業は、直接関与するすべての利害関係者にサービスを提供するだけでなく、**政府や市民社会とともに、地球規模の未来の利害関係者として自ら行動する**」と付け加えられた。

WEFを立ち上げたクラウス・シュワブは、「ステークホルダー資本主義の概念を1971年に初めて説明し、それを支援するためWEFを立ち上げ、73年に、その参加者がステークホルダーに対する企業の主要な責任を説明する『ダボス宣言』に署名した。ステークホルダー資本主義が支配的なモデルであり続けることを確実にするために、WEFは新しい『ダボス宣言』を発表し、企業は公平な税金を支払い、汚職を一切容認せず、グローバルサプライチェーン全体で人権を守り、競争力のあるレベルを主張すべきである」と、WEFの立場を擁護している。

しかし、73年のダボス宣言が収益性重視を明示し、株主資本主義のバックボーンの一つになってきたのは事実だ。しかもWEFが強力に推進したグローバル化が株主資本主義を世界に広める役割を担ってきた。このため、近年はダボス会議が開かれるたびに、会場周辺でグローバル化推進反対などを掲げる団体が抗議デモを繰り返していた。

そうしたなかでのダボス宣言の改定は、シュワブのいう「支配的モデルであり続ける」ことではなく、それまでの利益最優先容認のダボス路線の非を認め、ステークホルダー配慮を強める方向への転向を余儀なくされたと見ることができる。

## 難しいステークホルダーの調整

ステークホルダー資本主義を志向する声が強まってきたのは事実だが、実現となると簡単ではない。

ここまでステークホルダー資本主義の推進に向けての大きな力となっているのはローレンス・フィンクに代表される投資家の圧力である。

資産運用業界では2000年代から、E（環境）、S（社会）、G（ガバナンス）を重視する傾向が強まり、そうしたファクターに真剣に取り組んでいる企業の株式や債券に投資する「ESG投資」が盛んになっている。

ESG投資にはさまざまなパターンがあるが、ステークホルダーとの関係だと、「従業員の福祉に取り組んでいるか」、「地域社会に貢献しているか」などを尺度に、対応が十分かどうかを判定し、前向きに取り組んでいる企業の株式を投資対象に加える。一方で、児童労働など明らかに規範に反するものについては、それを投資対象から外すといった手法も取られる。

難しいのは、何をもって前向きに取り組んでいると判定するのか、どのようなことをすれば投資対象から外すのか、などの判定基準だ。そうした要素は定性的になりがちで、できる限り透明性、客観性、科学的整合性などを伴って進めようとする投資に反映しにくい面がある。従業員の要素、地域社会の要素などを、収益性などほかの投資判定の要素にどの程度組み込むのかも簡単には決めにくい。

結局、投資判断する部署はできるだけ客観的な基準を決めようとするが、どうしても主観的な要素が入りこむ。それでもESG投資がリターン面で好調な成績を残していれば誰も文句は言わないが、リターンが悪くなると一転して不満が噴出しがちだ。

実際、2023年には多くのESG投資のリターンが電気自動車(EV)の伸びの鈍化、グリーンウォッシング(環境配慮をしているように装いごまかすこと)への警戒の高まり、太陽光発電のサプライチェーンでの人権侵害の恐れなどを背景にマイナスに転じ、ESG投資熱が冷めてしまった。

投資がステークホルダー資本主義を促すのは好ましいことではあるが、投資家や企業の努力に頼る部分が大きく、それは移ろいやすく、推進力がどこまで持続するか不透明である。

制度的に、従業員配慮などを推進する動きも出始めてはいる。

企業に、収益だけでなく労働者を重視させるため、日本でも2019年から、働き方改革関連法が施行され、時間外労働の上限規制については、大企業が2019年4月から、中小企業が2020年4月から導入された。猶予期間が設けられていた建設業は2024年4月から適用され、時間外労働の上限が月45時間、年間360時間までとなる。

また、トラックドライバーについても「自動車運転者の労働時間等の改善のための基準(改善基準告示)」で2024年4月から、時間外労働の960時間上限制限が導入された。

背景にあるのは、利益をあげるために、労働者の時間外労働による健康への影響を見て見ぬふりをする悪習が続いてきたことだ。労働者側に長時間働いてより多くの収入を得たいとの側面はあるものの、トラックやバスのドライバーの長時間勤務による疲労が事故につながる例もあり、放置できなくなった。

ただ、規制強化への反対も少なくない。労働規制を厳しくすると、建設業や運輸業が従来のように機能しなくなるからだ。例えば日本ではドライバー規制については物流の2024年問題として、大騒ぎになっている。建設業についても建設労働者不足が問題になり始めており、政治家などから大阪　関西万博の工事は規制の対象外にすべきといった声まで出るありさまだ。大阪　関西万博は「いのち輝く未来社会のデザイン」をスローガンに掲げているが、そのスローガンが吹き飛びそうな醜態をさらしている。

## ヘリテージの反論――中央計画への道

批判は日本以外でも出ている。米国のシンクタンク、ヘリテージ・ファウンデーションは、2023年5月に「ステークホルダー資本主義：窃盗、中央計画への道、あるいはその両方?」（筆者ジェレミー・キッド、ジョージ・モクサリー）と題する論文を発表している。

そのなかで「経営者は受託者責任を遵守しなければならず、株主の利益のために会社を運営することに最善の努力を払うよう求められる。経営者がその投資を非株主の利益のために利用できるのであれば、株主は自分の資産を企業に縛り付けることはない。経営者が企業リソースを最も生産的な用途から離れたところに配置すると、全体的な価値生産に悪影響を及ぼす。それは最終的に、すべての企業関係者、そしてより広範な社会に悪影響を及ぼす（ボーナスの額が減ったり、製品の販売数が減ったりする可能性がある）」と、ステークホルダー資本主義を批判している。

究極的には企業というのは誰のためにあるのかという点に行き着く。ステークホルダー資本主義では企業の社会的な存在が強調されるが、ヘリテージは企業を所有するのは株主で、そこにさまざまな関係者の利害を入れると成り立たない、との立場だ。資本主義ではなく、社会主義的な体制になりかねないと反対しているのだ。

複雑なのは、この体制論が非常に政治色の濃いものになっている点だ。

ステークホルダー資本主義的な議論は、米国では民主党からの支持が多い。ただ、民主党は国内では規制強化に傾きがちだが、国際的には規制緩和論者が進めてきたグローバル化推進の立場である。

反対論をかかげるヘリテージ・ファウンデーションは共和党支持だ。共和党の元大統領で、2024年の大統領選で再び勝利した、ドナルド・トランプは国内では規制緩和派だが、国際的な政策では「アメリカ・ファースト」を掲げ、高関税を打ち出すなどグローバル化とは一線を画している。

株主資本主義の行き過ぎによる弊害の反省としてステークホルダー資本主義が台頭してきたが、その方向が行き過ぎれば、国家規制でがんじがらめの社会主義的な体制となりかねない面もある。しかもややねじれた民主党と共和党の政争のなかで議論が進められることになる。

株主資本主義の修正の方向性は変わらないと見られるが、どの程度ステークホルダーを向いたものになるのか、先行き視界不良だ。

## 2 インクルーシブ資本主義　誰も取り残さない試み

### 機能しなかったトリクルダウン

金融危機で資本主義の欠陥が露呈したのを受けて「**インクルーシブ**」という考え方を取り入れることで格差の拡大など資本主義の弊害をなくそうとする動きも盛んになっている。「インクルーシブ」は、比較的新しい概念である。1970年代に身体障がい者が受け入れられない状況が、社会的排除（ソーシャル・エクスクルージョン）との表現で捉えられた。その後、社会的排除をなくそうとの機運が高まり、排除と逆方向の望ましい動きとして社会的包摂（ソーシャル・インクルージョン）という言葉が教育分野で使われ始めた。

この包摂の考え方を、経済成長と結び付けたのが、アジア開発銀行のコンサルタントだった経済学者のナナク・カクワニと、主席エコノミストだったエルネスト・ペルニアが2000年に著した論文「貧しい人に寄り添った成長とは」である。

カクワニらによると、1950年代から60年代には経済発展に関連してトリクルダウンという考え方が取り入れられていた。まず豊かな人が経済発展の恩恵を受け、その豊かな人が利益を消費に回すと、貧しい人も恩恵を受け始めるというものだった。

しかし、トリクルダウンでは、貧しい人の成長に伴う恩恵は、常に（豊かな人に比べて）後回しにされ、少なくなる恐れがあった。実際、貧困の問題は解決できず、格差が拡大したため、トリクルダウンに基づく政策ではなく、「貧しい人に寄り添う」政策が必要で、それこそがインクルーシブな経済だと定義したのだ。

カクワニらは「貧しい人に寄り添った成長は、貧しい人々が経済活動に積極参加し、そこから恩典を受ける成長だと定義できる。それはトリクルダウンによる発展の概念とは、かけ離れたもので、それこそがインクルーシブな経済発展である。誰もが、享受できる最低限の基本的な能力を奪われない社会である。そこでは例えば、誰もが十分に栄養が摂れるべきだし、死亡する未熟児がいなくなるべきだし、人々が長く満足のいく生活を送れるべきだ」と訴えた。

## グラミン銀行の挑戦

「貧しい人に寄り添う」という考え方を後押ししたのは、1983年にバングラデシュでグラミン銀行を創業し、マイクロクレジット（銀行から融資を受けられない貧しい人に対する小規模信用貸付）を始めたムハマド・ユヌスとグラミン銀行の、ノーベル平和賞受賞だった。

通常、銀行は融資希望者を審査して、返済可能性が比較的高い人を対象に融資を実施するが、そのビジネスモデルでは貧しい人は金融サービスの対象外となる。審査というのは排除の論理に基づいて実施されている。

それに対してグラミン銀行は、一般の銀行が融資しないような貧しい人々に無担保で少額の融資をする貧困者向け金融サービスを手掛けた。貧しい人にグループを組ませ、返済が難しくなると協力して、返済できるように後押しする独特の方式で、貸し倒れの増加を防ぎ、貧困者向け融資を可能にした。

貧しい人は銀行口座を持たないことも多く、貯蓄できないことが、貧しさから抜け出すことを困難にしていた面があったが、マイクロファイナンスは、そうした貧困者の金融環境を変え、経済的自立をしやすくした。

グラミン銀行の動きは、金融サービスを一部の豊かな人だけでなく、より幅広い人に広げるインクルーシブな動きと捉えられ、「インクルーシブ」という考え方が金融の目標の一つと考えられるきっかけをつくった。

## 金融をてこにインクルーシブな経済成長を目指す

インクルーシブという考え方を、政策に取り入れていこうとする動きも出始める。

２０００年代半ば、ドイツ経済協力開発省の金融システム開発ユニットの責任者などを務めたアルフレッド・ハニングが中心となり、途上国や新興国で成功を収めている金融包摂政策と規制ソリューションの拡大を目的とした組織づくりを訴えた。それに応え、新興国の中央銀行や先進国の学者などが、２００９年にアライアンス・フォー・フィナンシャル・インクルージョン（ＡＦＩ）を設け、ナイロビで初めて会議を開いた。アルフレッド・ハニングは事務局長に就任する。

ＡＦＩの考え方は、２０１１年にメキシコのリビエラ・マヤで開いた第３回グローバル政策フォーラム（ＧＰＦ）で、「マヤ宣言」として表明されている。宣言は「ＡＦＩネットワークを通じて金融包摂の知識と経験を共有し、世界的な協調行動を通じてそれを実現する。開発途上国に具体的な金融包摂の成果をもたらし、世界の金融サービスを受けていない人々に持続可能で、費用対効果が高く、有意義な金融サービスを提供する」と強調している。

また、その実現のため、①革新的テクノロジーを最大限に活用し、金融サービスの単価を大幅に下げ、費用対効果の高いアクセスを可能にする金融包摂政策を導入する　②金融包摂、金融の安定、財務の健全性という補完的な目標を達成する健全な規制の枠組みを導入する　③すべての人々が自国の金融セクターに確実に参加できるようにするための金融包摂努力の重要な柱として、消費者保護とエンパワーメントに注力する　④包括的なデータを収集して分析し、金融包摂のプロファイルの変化を追跡し、ネットワーク内で比較可能な指標を作成することにより、証拠に基づく金融包摂政策を優先事項とする――に取り組む考えを打ち出している。

金融を中心とした「インクルーシブ」を目指す動きは、途上国を中心に広がりを見せる。2010年にはG20は、それ以外の国も交え、金融包摂のためのグローバル・パートナーシップ（GPFI）を正式に立ち上げた。G20のメンバーのメキシコ、韓国、フランスを共同議長国として、AFIなどと協力しながら、金融面での貧困者支援などインクルーシブな金融を進める体制ができあがった。

そうした動きを通して、貧しい人々も視野に入れるインクルーシブという考え方は、経済政策を進めるうえでの基本の一つと考えられるようになっていく。

2015年、G7の議長国であるドイツがエルマウで開いたG7エルマウ・サミットの首脳宣言に、「我々は（高水準の債務、内外の不均衡などの）課題に対処すること、及びすべての人々のための成長を達成するため、引き続き取り組むことにコミットする。より強固でよりインクルーシブ（包摂的）な成長のため、我々は我々の経済の脆弱性に立ち向かう必要がある」と盛り込んだ。

G7がインクルーシブな成長に取り組むと明言したことから、この言葉は世界が目指すべき成長の姿として多用されるようになる。

2020年にコロナウイルスのパンデミックで経済の先行きが不安視された際に、米国の大手金融機関JPモルガン・チェースの会長兼CEOであるジェイミー・ダイモンは、「誰もが機会にアクセスできるインクルーシブな経済は、より強く、よりレジリアントな経済だ。今回の危機（コロナウイルスのパンデミック）を、何年もの間、インクルーシブな経済成長を妨げてきた構造的な障害に対峙し、コモン・グッド（共通善）を考え、行動し、投資するための、ビジネスと政府へのウェークアップコールにしなければならない」と強調している。

## ヘンリー・ジャクソン・ソサエティの提案

インクルーシブという概念を資本主義と結びつけたのは、2005年に英ケンブリッジ大学の学者を中心に設立された新興シンクタンク「ヘンリー・ジャクソン・ソサエティ」である。冷戦時代に共産主義への強い反対を示しつつも、公民権、人権、環境保護などを訴えた米国の議員、ヘンリー・ジャクソン（下院議員、上院議員の両方を歴任）にちなんで命名された。

2012年に、格差拡大などによる資本主義システムへの脅威に対応するため「インクルーシブ・キャピタリズムのためのヘンリー・ジャクソン・イニシアチブ」を立ち上げ、「よりインクルーシブな資本主義に向けて」と題する報告をまとめている。

キーパーソンは、リン・フォレスター・ドゥ・ロスチャイルドである。コロンビア大学で法学博士号を取得し、ニューヨークのシンプソン・サッチャー・アンド・バートレット法律事務所に勤務。その後、メトロメディア・テレコミュニケーションを経て、電気通信会社に投資するファーストマーク・ホールディングスのCEOに就任。2000年に金融家のエブリン・ド・ロスチャイルドと結婚し、2002年から世界のメディア、資産管理、情報技術、農業、不動産への投資を行う民間投資会社ELロスチャイルドLLCの最高経営責任者を務めていた。

ヘンリー・ジャクソン・ソサイエティは、そのリン・フォレスター・ドゥ・ロスチャイルドとマッキンゼーのグローバル・マネージング・ディレクターだったドミニク・バートンを共同会長とするタスク・フォースを組織。ヒューレット・パッカードのCEO・会長を務めたカーリー・フィオリーナ、ピーターソン国際経済研究所のシニア・フェローのアダム・ポーゼン、米財務長官を務めたローレンス・サマーズ、労働長官経験者のローラ・タイソンなど錚々たるメンバーが名を連ね、報告書をまとめた。

このタスク・フォースの立場は、まず、これまでの資本主義が問題を抱えるに至ったという現状認識である。この点については「今回の危機（2008年の金融危機）における残念な行動のほとんどは、違法というよりむしろ非倫理的だった。倫理的な側面を意識するようになり、それをビジネス上の決断に反映させることができれば私たちは同じことを繰り返さないだろう」としている。

そのうえで資本主義が批判されているが、国家の規制は解決策にはならないとの立場だ。「資本主義システムが我々の世界を豊かにしてきたが、金融危機以降、1930年の世界恐慌以来の規模で残酷な打撃を受け続けてきた。最も改善が必要な分野ではすでに企業が主導権を握っており、今後もそうしていかなければならない。経済成長を生み出すビジネスへの信頼を削ぎ落とし、国家の規制が解決策になるかもしれないという考えは、経済成長を弱める危険性をはらんでいる」と、社会主義や国家による介入強化への回帰をけん制し、自ら改革することによって資本主義を維持する立場で、その改革の方向性として「インクルーシブ」を標榜した。資本主義が自らの病を癒すことができるようにして、資本主義の恩恵をより多くの人々と分かち合う方法を考えようというものだ。

具体的な解決に向けて、報告書は「企業が株主だけでなく、すべてのステークホルダーが事業から利益を得られるようにすることが、理想的だ。その実現のため、雇用のための教育、中小企業への支援、長期的な企業経営とガバナンスの改善の3分野が重要である」と訴えている。

雇用のための教育に関しては、今日の教育モデルと雇用市場のニーズとの間にミスマッチが生じ、多くの若者が失業しているとしたうえで、実習生、インターンシップ、正規雇用につながる教育プログラムなどにより取り組んでいる例があると、教育改革を促している。

新興企業と中小企業の育成では、それが米国と英国の経済を支える基幹産業であり、雇用の約半分を占めているが、最近、中小企業の成功率は低下している。大企業はサプライヤーとして中小企業がよりうまく働けるように指導するとともに、中小企業は信用へのアクセスを改善する必要があるとしている。

長期的視野に立った経営とガバナンスの改革では、「企業の経営陣は、企業の長期的な健全性ではなく、株主価値という短期的な概念に基づいて企業を管理し、取締役会はこの問題を改善しなかった。今日の短期的業績重視の考え方は、長期的思考に置き換える必要がある。企業は四半期ごとの業績ガイダンスを提示する必要はなく、長期的に株式を保有する投資家に報いる方法を模索すべきである」などとしている。

そうした改革の先に「包括性と責任に支えられている限り、私たちの社会を偉大なものにしてきた資本主義システムはこれからもそうあり続けるだろう。私たちは、民間セクターが持続可能な社会の実現により深く関与し続ける未来に期待を寄せている。産業、革新、企業が**包括性、倫理、責任**によって支えられている限り、資本主義システムは、私たちの社会を偉大なものにし続け、それにふさわしい広範な社会的支持を集め続けるだろう」との姿を思い描いている。

## エスタブリッシュメントを巻き込んだリン・フォレスター・ドゥ・ロスチャイルド

ヘンリー・ジャクソン・ソサエティのインクルーシブ・キャピタリズム・イニシアチブとリン・フォレスター・ドゥ・ロスチャイルドは、２０１４年5月２７日にロンドンでインクルーシブ・キャピタリズムをメーンテーマに据えた会議を開き、そこに英国の皇太子チャールズ、米国の元大統領ビル・クリントン、ロンドン市長フィオナ・ウルフなどを招いた。

会議に登壇したのは、２０１２年から１９年までイングランド銀行総裁を務めたマーク・カーニーだった。金融安定理事会（ＦＳＢ）議長として金融危機後の混乱回避に当たってきた人物である。

カーニーが革新的なポイントとして語ったのは「野放しの市場原理主義が資本主義自体の長期的なダイナミズムに不可欠な社会資本を食い荒らす可能性がある。この傾向に対抗するには、個人とその企業がより広範なシステムに対する責任を自覚する必要がある。すべてのイデオロギーは極端になりがちだ。市場の力に対する信念が信仰の領域に入ると、資本主義は節度の感覚を失う。危機前の数十年間、そのような急進主義が経済思想を支配するようになり、社会行動のパターンとなった」と、資本主義の危機を認めた。

そのうえで「包括的な社会契約のバランスを維持するには、経済生活における価値観と信念の重要性を認識する必要がある。世界経済で成功するには、明らかにダイナミズムが不可欠だ。世代を超えてインセンティブを調整するには、長期的な視点が必要だ。市場がその正当性を維持するには、市場が効果的であるだけでなく、公正である必要がある」と訴えた。

また、そうした理念を実現するための取り組みについて「社会関係資本の再構築が最も重要だ。すでに世界的にシステミックバンク（金融システム全体に影響を及ぼすような大手銀行）は簡素化と縮小を進めている。当局は、『（モラルハザードの原因となった）大き過ぎて潰せない』ものを終わらせるために熱心に取り組んでいる。

そして、報酬の構造は、より長い期間にわたってリスクに見合った報酬が得られるように改革が始まっている。こうした、新しい規範は、より広範な社会的義務を伴う真の職業として金融を再確立しようとしている。

これらの取り組みを通じて、金融は、より信頼できる、包括的な資本主義、つまり体系的な感覚を埋め込み、個人の美徳と集団の繁栄が両立できる資本主義を実現するのに役立つ」と締めくくった。


列挙された改革の一つ一つは誇れるほど強力なものではない可能性もあるが、利益最優先で走ってきた金融の方向性の転換をにじませるものであり、それを進めようとする「インクルーシブ資本主義」の考え方を定着させる一助になったのは間違いない。

## 倫理の必要性訴えたIMF専務理事

同じ会議で、インパクトが強かったのは、国際通貨基金（IMF）の専務理事を務めるクリスティーヌ・ラガードが登壇したことだった。IMFは言うまでもなく、アングロサクソン資本主義を金融面でけん引してきたリーダーである。

そのトップが「市場経済では信頼、機会、報酬がすべての人に与えられ、すべての人の才能が開花する。確かに、それがビジョンだ。しかし、ごく最近では、資本主義は、リスクテーク、レバレッジ、不透明性、複雑さ、補償などの『過剰』によって特徴づけられるようになった。それは大規模な価値の破壊につながった」と、体制の失敗を認めた。

そして、その対応策として「インクルーシブ」を位置付け、「大きな問題は、どうすれば信頼を回復し、維持できるかということだ。何よりもまず、成長がより包括的であり、ゲームのルールが少数者だけでなく多数者を優遇する平等な競争の場につながるようにすることだ。（中略）所得格差の拡大と、それが世界経済全体に及ぼす暗い影がある。最終的には結果の平等ではなく、機会の平等を重視すべきだと多くの人が主張するが、問題は、機会が平等ではないことだ。基本的に、過度の不平等は資本主義の包括性を低下させる」と主張した。

とりわけ金融に関しては「金融関係者が過剰なリスクを取ることを許され、上値での利益は業界に流れ、下値での損失は国民が拾うという状況が生じた。金融セクターの真の役割は経済を支配することではなく奉仕することであるという理解の下、危機は大きな軌道修正を促した。その本当の仕事は、特に投資に資金を提供し、雇用の創出と成長を支援することによって人々に利益をもたらすことだ。

私たちは金融機関の文化やその根底にある個人の行動にも目を向ける必要がある。行動には多少の変化が生じているが、その変化は十分に深くも広範でもない。業界は依然として、長期的な慎重さよりも短期的な利益、明日の関係よりも今日のボーナスを重視している。私たちはより強力で体系的な倫理的側面を必要としている」と、行動変容を求めたのだ。

金融の目標は、資源を生産的に利用し、成熟度を変革し、それによって経済の安定と完全雇用、そして最終的には人々の幸福に貢献すること、つまり、社会を豊かにすることだとしたうえで、「包括的資本主義イニシアチブ」はその一例であり、資本主義を、すべての人にとっての経済的機会の原動力とする実践的な方法を追求していると強調した。

ＩＭＦトップの発言は重かった。インクルーシブ・キャピタリズムは英国の新興シンクタンクのアイデアから、国際経済界が取り組む大きなアジェンダとして浮上した。ロンドンの会議でインクルーシブ・キャピタリズムの市民権獲得に成功したリン・フォレスター・ドゥ・ロスチャイルドは、その考え方をさらに普及させるために、新たにインクルーシブ・キャピタリズムを冠した組織を立ち上げた。有力企業のほか、シンクタンクや資産運用会社を巻き込み、インクルーシブ・キャピタリズムを大きな潮流にする作業に取り掛かったのだ。

## 教皇フランシスコの参入

「インクルーシブ」の考え方を注視し始めた経済界の動きを見ていたのが、キリスト教カトリック教会を率いるローマ教皇のフランシスコである。アルゼンチン出身で、質素を宗とし、貧しい人に寄り添うイエズス会出身の初めての教皇で、枢機卿時代には質素なアパートに住み、公共交通機関を使っていたことはよく知られている。

その教皇から見ると、利益優先で走ってきた経済にはゆがみが生じていた。経済状況に関しては

「最近の歴史、とりわけ２００８年の金融危機を見れば、健全な経済システムが、長期的な生産性・経済性を犠牲にした短期的な利益に基づいてはならないことがわかる。持続可能で社会的責任のある開発と投資を犠牲にして、短期的な利益に基づく健全な経済システムを構築することはできない」と指摘している。

実は教皇は早くから経済界の有力者にその思いを伝えていた。２０１６年１２月にローマとヴァチカンで、フォーチュン・タイム・グローバル・フォーラム（テーマ、２１世紀の挑戦：新たな社会協定の構築）が開かれた。フォーチュン誌は毎年５００社の有力企業を、タイム誌は１００社の有力企業を選出していることで知られているが、両誌が協力し、トップクラスの企業のＣＥＯが集い、成長を促進し、その恩恵をより広範囲に広める経済システムについて話し合った。

その一環として、参加者はヴァチカンのクレメンタイン・ホールで教皇に謁見し、その場で教皇は、「私たちの大きな課題は、誰もが社会への参加から排除されないよう、地域の、さらには個人の責任感を促進することによって、世界レベルの不正義に対応することだ。このフォーラムで始めた取り組みを継続し、私たちの制度や経済構造を変革し、時代のニーズに応え人類に奉仕できるよう、より創造的な方法を模索することを奨励する。特に疎外され、捨てられた人々をあなたの努力に巻き込んでいただけるよう祈る」と述べていた。

このグローバル・フォーラムの参加者の中に、リン・フォレスター・ドゥ・ロスチャイルドもおり、彼女が創設したインクルーシブ・キャピタリズム評議会の主要メンバーは、2019年11月11日にヴァチカンを訪れ、フランシスコ教皇と面会した。

教皇は「2016年のフォーラムでは、より人間的な経済を創造し、世界レベルでの貧困撲滅に貢献することを目的とした意見交換や情報交換が行われた。評議会は資本主義をより包括的な道具とする方法を模索することで、フォーラムのビジョンを実現するという課題に取り組んできた。誰一人置き去りにすることなく、私たちの兄弟姉妹の誰一人として切り捨てることのない包括的資本主義は、皆さんの最善の努力に値する崇高な願望です」と、包括的資本主義の確立に向けた動きにエールを送ったのだ。

そして「倫理的関心から切り離された経済システムは、より公正な社会秩序をもたらさない。それは、消費と浪費の『使い捨て』文化につながる。一方、経済生活の道徳的側面を認識するとき、それは社会教義のさまざまな側面で尊重されるべきものだ。排除の経済を克服し、大多数の人々と人間の幸福を隔てる格差を縮小することが必要だ。経済と金融を、人間を優遇する倫理的なアプローチに戻すために努力することを勧める」とのメッセージを送ったのだ。

教皇が評議会メンバーと謁見してからおよそ1年で、両者は具体的な行動を起こした。2020年12月8日に、評議会はヴァチカンとのパートナーシップ締結を発表し、「ヴァチカンとの包括的資本主義評議会」という新たな組織を立ちあげ、その目的について次のように述べている。

「評議会は、あらゆる規模のビジネスおよび投資のリーダーに対し、インクルーシブな経済を目指す評議会の方針を指導原則として示し、それを受け入れるよう求めている。（パートナーシップによって）資本主義を包括性と持続可能性のためのより大きな力にすることで、体系的な変化につながることを目的としている」

このパートナーシップは、経済を貧しい人にも目を配るものに改善していきたいフランシスコと、インクルーシブ・キャピタリズムの概念を広めたい評議会の思惑が一致したものである。フランシスコは貧困対策が重要と訴えているが、実現が課題になる。ヴァチカンの説教で説けば信者には影響があるが、世の中から貧困をなくそうとするなら、多くの従業員を雇う企業に働きかけるのが有効だ。

一方で、評議会は資本主義の在り方を改善する必要は感じているが、規制ではなく、民主導で成長を目指す基本は維持して、ゆがみをもたらした非倫理的な動きを封じたい。それには企業の倫理に働きかける必要があり、そのよりどころの一つとしてのローマ教皇は最高の支援者だった。

教皇の支援を取り付けたインクルーシブ・キャピタル評議会には世界で６０８のメンバーが参加し、参加会社の運用する資産は１０・５兆ドル、参加会社の時価総額合計は2・1兆ドル、抱える労働者は2億人という巨大な組織になった。インクルーシブ・キャピタリズムは大きな経済フレームワークの潮流になったのだ。

## インドの成功例

実は、「インクルーシブ」の考え方が取り入れられた成功例が、インドにある。

インドでは、2014年5月に首相に選ばれたインド人民党のナレンドラ・モディが、同8月に「デジタル・インディア」と名付けられた政策を強力に推し進める方針を示した。全市民にサービスを提供できるデジタル・インフラを構築し、利便性の高い知識経済社会を目指そうとしたのである。インドでは1990年代から、カルナータカ州の州都バンガロール（ベンガルール）を中心にIT産業が盛んになっていたが、その蓄積をベースに国家を一段と発展させようとしたのだ。

具体的には生体認証や携帯電話を用いたデジタル決済インフラを構築し、金融取引にかかる時間とコストを大幅に削減した。さらに基本的な普通預金口座、送金、信用、保険、年金へのアクセスを手頃な方法で確保するという金融包摂のための仕組み（プラダン・マントリ・ジャンダン・ヨジャナ――PMJDY）を確立した。銀行口座を持たない人のために、基本的な普通預金口座（PMJDY口座）が1つ開設され、その口座は最低残高維持の必要はなく、利息が付き、デビット・カードが提供される。

それによって貧しくて銀行口座を持てなかったような人々が、口座を開設した。PMJDY口座数は2015年には1億5000万だったが、2022年には4億6000万と大幅に増えた。口座保有者の割合はかつて25％に満たなかったが、今では80％を超えている。給与振り込みを受けられる環境を手にし、少し余裕ができた場合には貯蓄も可能になったことで、貧しかった人々の暮らしを底上げしたインクルーシブ経済の成功例と評価されている。

## 企業の倫理観頼みのアメリカ

先進国でも経済運営にインクルーシブな要素を強める方策が模索されている。

2023年11月4日、民主主義フォーラムに登壇した元米国大統領のバラク・オバマは、富裕層や大企業は不釣り合いな政治的影響力の行使により、税金や規制に反対してきたと指摘。そのうえで包括的で持続可能な経済を構築するため、労働法の強化などによって労働者の満足を高めることを通じた生産性の向上が重要との考えを強調している。また、社会セーフティネットの拡大と再設計を行い、クリーンエネルギーへの移行を支援するための国境を越えた協力などの必要性も指摘している。

政府のプログラムが適切に管理され、透明性がある限り、通常、より多くの公共給付金を受け取れるなら、人々はそれに見合った増税は容認するだろうと、増税の必要性にも踏み込んでいる。

インクルーシブが大きな流れになっているなかで、政治家がそれを見逃すはずはない。その理論のなかで手を差し伸べようとしているのは貧しい人たちであり、それは膨大な票田でもある。

ただ、具体的に行動に移そうとすると、企業社会が積み上げてきた枠組みを変える必要が出てくる。それは既得権益を持つ人にとっては後退に映る。国家権力を使って実施しようとすると、やり方によっては社会主義への傾斜につながりかねない。

今のところ、インクルーシブ・キャピタリズムを進めるには、企業が倫理感に基づいて行動をその方向に変えてくれることが中心になる。フランシスコが登場したのは、まさにそうした方向性を明確にするためでもある。

元大統領のオバマがインクルーシブな方向への方策のいくつかに言及した後、述べたのは「利益と公共の利益を実現するために、これらのステップはどれも簡単ではない」というフレーズだった。少しずつはその方向に変わりつつあるが、歩みが速いとは言えない。

# 3 グリーン資本主義 環境を守りながら成長を目指す

## グリーンの源流——『沈黙の春』と『成長の限界』

資本主義の在り方をめぐって、グリーンな経済を目指そうとする動きが活発になっている。株主資本主義が利益最優先で、途上国などで環境を破壊する一因になったと批判されていることが背景にある。

**『沈黙の春』**という本がある。著者は米生物学者のレイチェル・カーソンで、農薬の散布が、残留農薬となって、自然に大きな影響を与えるなどと、化学物質の危険性を訴えた。今でもニュースなどでよく取り上げられるようなテーマだが、出版されたのは１９６２年。第二次世界大戦後の復興が進み、経済成長が加速する一方で、大気汚染など環境破壊が問題になり始めていた。本はベストセラーとなり、これが、環境保護運動のきっかけになったと評価されている。

また、環境悪化や貧困などの問題に危機感を抱いていたイタリアのアウレリオ・ペッチェイ（オリベッティ副社長）が１９６８年、シンクタンクの「ローマクラブ」を結成し、地球の抱える難題への対応策の検討をマサチューセッツ工科大学（ＭＩＴ）のドネラ・メドウズらに委ねた。メドウズはディレクターとして「ＭＩＴにおける人類の苦境に関するローマクラブプロジェクト」を率い、世界人口の増加と有限な資源の影響をモデル化した『**成長の限界**』をまとめ、７２年にローマクラブから出版した。

成長の限界は、「今のような環境汚染や人口増などの傾向が続けば、地球の成長は１００年以内に限界に達する。人々を均衡ある社会へと導く長期的な目標がなければ、指数関数的な成長が世界のシステムを地球の限界へ、そして破滅へと向かわせる」と訴えた。

環境が重大な問題であるとの認識が高まり、国連は１９７２年に、スウェーデンのストックホルムで国連人間環境会議を開き、「人間環境宣言」を採択するとともに、環境問題に指導的役割を果たす機関として国連環境計画（ＵＮＥＰ）を設けている。

環境問題にはオゾンホール、大気汚染、海洋漁業などさまざまな側面があるが、環境の改善を目指す動きには「グリーン」というレッテルが張られるようになる。

１９７１年にスイスのヌシャテルで「スイス緑の党」が結成され、１９７９年にはダニエル・ブレラッツが緑の党として初めて国民議会の議員に選ばれた。１９８０年には西ドイツで緑の党が結成され、緑の党はフィンランド、オランダ、フランスなど欧州各地に広がっていった。

「緑の党」は環境だけでなく、エコロジー、反戦など新しい社会運動を取り込んだ幅広い活動をしていたが、党名の「緑（グリーン）」のインパクトが強く、環境保全や自然保護などを求める動きは「グリーン」な動きと捉えられるようになった。

## グリーンエコノミーの青写真

「グリーン」を経済学の分野に持ち込んだのは、英国の環境経済学者のデビッド・ピアスである。1989年に経済学者のアニル・マーカンジャ、エドワード・バービアとの共著で『グリーンエコノミーの青写真』と題する本を出版している。経済学の視点から、環境の費用や便益を分析したり、天然資源の枯渇を捕らえたりしており、自然に起きる現象の経済的な評価手法を確立したと評価されている。ただ、本のタイトル以外には「グリーンエコノミー」に言及しておらず、内容全体を表象する用語として、著者らの思いつきとして使われたようだ。

ピアスらは1991年と94年に続編を出版し、政策は「持続可能性」を基準とし、環境への影響を評価したうえで、市場のインセンティブを活用することを提唱した。ピアスらの提言は、**経済的利益追求のために天然資源を乱用すべきではない**というコンセンサスを生み出すとともに、その市場インセンティブ活用のアイデアは、環境税や排出権取引など市場を活用した環境対策メカニズムの源流になったとされている。

このグリーンの流れを、資本主義の文脈で捉えようとしたのは米国の自然資本研究所などを設立した環境保護活動家のポール・ホーケンである。1999年に環境保護活動家のエイモリー・ロビンズ、ハンター・ロビンズとの共著で、**『自然資本主義：成長の限界を突破する新産業革命』**を出版した。

そのなかで、**資本主義は主にお金と物の価値を資本として認識してきたが、将来の経済は、人的資本、工業資本、金融資本、自然資本を含むあらゆる形態の資本が評価される市場ベースのシステムとなる**と予測した。

自然全体を資本とみなし、天然資源の生産性向上や、グリーン資本への投資などの戦略によって、環境破壊を防いで、経済成長を目指せるとの立場である。著書は「自然資本主義」との名称になっているが、これが「グリーン資本主義」を目指す動きのベースの一つになった。

2000年代になって、グリーンの流れは力を増す。利益を追求するための開発が地球環境を悪化させており、そうした環境を破壊するような「茶色」の資本が支配する「茶色の経済」を、変えて行かねばならないとの言説が流布された。そうした過程を経て形作られてきた「グリーン資本主義」は、資本主義システムとエコロジーの組み合わせで、**資本主義の経済発展と環境保護は共存できる**との立場だ。

このグリーン資本主義を支えているのは、大きく分けて二つの考え方だ。

一つは、気候変動は市場の壊滅的な失敗を表しており、その失敗は、市場の規制、課税や排出権取引など消費者や企業による市場行動を変えるためのインセンティブによって対応できるとするものだ。世界銀行のチーフエコノミストなどを務めたニコラス・スターンは、市場経済を改革して「環境に優しい」ものにすることができると主張した。

もう一つは、利益の追求による気候変動を含む環境に対する影響は認めるが、市場経済には、創意工夫と起業家精神を通じてこれらの影響を逆転させる最善の希望があるとするものだ。カリフォルニア大学バークレー校の名誉教授、ジョン・ザイスマンは、環境に優しい新しいインフラとエネルギー技術が新しい市場を生み出し、それがさらなる技術革新を促す「グリーン・スパイラル」の概念を打ち出している。

## グリーンと成長を同時に目指すのは自己矛盾?

ただ、グリーン資本主義には批判も根強い。

資本主義を長く研究してきた米国のジョン・ベラミー・フォスターは、エコロジーと資本主義の発展の論理は相反するものであり、統合することはできないと主張している。

また、環境活動家のダニエル・タヌロは、著書『グリーン資本主義：なぜ機能しないのか』の中で、グリーン資本主義が成功するには、企業の利益に反しながら、現在の主流資本主義を環境社会主義の手法に置き換える必要があると説明している。

タヌロは「資本主義の誕生と石油経済の台頭により、巨大な生産力を持つ世界システムが構築された。しかし、それは一方では激しい競争、他方では広範な独占と集中化を特徴とするシステムだった。その結果、主に森林伐採と化石燃料の燃焼によって引き起こされるCO2排出量は、致死的なレベルに達した。危険は現実的かつ内在的であり、ほとんど理解できないほど大き過ぎる。(中略)資本主義に取り組むのがより現実的であるか、資本主義を無視するのがより現実的であるかは、商業的可能性によって決定される戦略に従って気候制約を尊重できるかどうかによって決まるが、答えはノーだ」と指摘している。

こうした批判があるため、経済のグリーン化を目指そうとする議論では「グリーン資本主義」という用語は、ステークホルダー資本主義、インクルーシブ資本主義などに比べて、あまり用いられない。成長を目指す資本主義と、成長抑制要因になる環境規制の両立は論理矛盾だというのは一面の真理であり、これまで経済学の論理で資本主義を議論してきた人々は、安易にグリーン資本主義を唱えることには慎重にならざるを得なかった。

## グリーン・ニューディール―グリーン成長理論の登場

ただ、成長と環境がトレードオフだと開き直ってしまうと、その先の展望が開けない。しかも、環境問題が経済に落とす影は日々大きくなっている。そこで、気候変動を緩和するために経済を抑制しなければならないという考え方から、成長と持続可能な環境が共存できるという考え方へと気候政策のパラダイム転換が図られ、「**グリーン成長理論**」が登場する。

そこでは二酸化炭素の排出による環境悪化と、グリーン技術への投資不足が問題で、そのうち投資不足は政府による補助金によって改善は可能との立場だ。この考えの支持者は、最初の段階では規模が小さく、競争力が低いかもしれないが、支え続けることで、経済効率と環境効率が同時に達成できると考える。環境悪化という資本主義の外部の問題に対し、国家の介入色を強めることで、その解決を図ろうとする方策である。

このグリーン成長理論で、大きかったのは国連環境計画（UNEP）が、2008年10月22日に発表した、「グローバル・グリーン・ニューディール」と題した経済イニシアチブだ。グリーン雇用の創出と、化石燃料への依存を低減させる経済システムの再構築を提唱した。

この内容についてワイオミング大学のエドワード・バービアが「経済回復を考え直す・グローバル・グリーン・ニューディール」と題する論文で説明している。

「今日の世界経済を脅かす複合的な危機は、1930年代のルーズベルトのニューディールが示したようなイニシアチブを必要としている。適切な政策行動を組み合わせることで、景気回復を促し、同時に世界経済の持続可能性を高めることができる。これらの政策が採用されれば、今後数年間で数百万人の雇用を創出し、世界の貧困層の生活を改善し、ダイナミックな経済部門に投資を回すことができる。その時宜を得た政策の組み合わせがグローバル・グリーン・ニューディール（GGND）」だと指摘した。

そのうえでグローバル・グリーン・ニューディールの目的として、①世界経済の再生、雇用機会の創出、社会的弱者の保護　②炭素依存、生態系の劣化、水不足を削減　③２０１５年までに世界の極度の貧困をなくすというミレニアム開発目標を達成する――を挙げている。

焦点は、炭素依存の削減と生態系および淡水資源の管理の改善を目指す政策にあるが、それを単に環境に優しい世界経済を構築することだけでなく、グローバルな経済政策、投資、インセンティブを適切に組み合わせることで、経済成長を刺激し、雇用を創出するという、より直接的な目標も達成できるとの考え方である。

ニューディールはもともと１９２９年に米国の経済不況を発端にして起きた世界恐慌の復興策として、１９３３年に大統領に就任したフランクリン・ルーズベルトが打ち出した一連の経済復興策を指している。

実はこのニューディール政策は、資本主義の文脈では、市場への政府の介入も経済政策も限定的にとどめる古典的な自由主義をベースした資本主義から、政府が市場経済に関与する政策へと転換したものと考えられている。

グリーン・ニューディールは、リーマン・ブラザーズの破綻で恐慌につながりかねないような経済危機が発生したのに対して、グリーンに配慮した雇用創出などの政策によって持続的な成長を目指すという。

それは行き詰まった新自由主義的な色彩の強い資本主義を、政府が環境対策という視点で市場経済に関与する新しい資本主義への転換と捉えられることを示唆している。グリーン資本主義を主張していた人たちの延長上の路線といえ、国連がその路線を正当化したのだ。

## EUのグリーンディール――1000兆円超の投資計画

この方向で大きく踏み出したのが欧州連合（EU）である。EUは2019年に、2050年までにネットゼロに向けた気候変動目標を含む**「欧州グリーンディール」**を打ち出した。

これについてEUは、「EUを2050年に温室効果ガスの正味排出量がなく経済成長が資源の使用から切り離された、現代的で資源効率の高く競争力のある経済と、公正で繁栄した社会へと、変革していくことを目指した新たな成長戦略だ」と説明している。

実現に向けては「経済、産業、生産と消費、大規模インフラ、輸送、食料と農業、建設、課税、社会的便益全体にわたるクリーンエネルギー供給の政策を再考する必要がある。これらの目的を達成するためには、自然の生態系の保護と復元に与えられる価値を高め、資源の持続可能な利用と人間の健康を改善することが不可欠だ。抜本的な変化が最も必要で、その実現を可能ならしめるものに投資する必要がある」と強調している。

この特徴は二律背反と見られていた環境対策と成長の両立を目指している点で、環境対策としてはネットゼロの推進に向けた多様な政策が動員される。

柱となるのはエネルギー政策で、そこでは公益事業の改革を通じた電力業界の変革が重視されている。目標として2030年までにカーボンフリー発電が現在の35%程度から、60―65%程度に拡大し、2050年までに再生可能エネルギーの割合は最大90%に達し、残りはバッテリー、水素、二酸化炭素回収・貯留（CCS）によって満たされる姿を描いている。

国民にも「炭素を多用する」習慣からの脱却を求める。この面ではEUはモビリティと暖房（合わせてEU排出量の3分の1）に焦点を当てる計画を立てている。脱炭素の手法として炭素税が使われ、その適用範囲が広がれば、食品（赤身肉）や旅行（飛行機）などさまざまな分野の消費に影響が及ぶ見通しだ。

また、成長を意識したグリーンディール産業計画を打ち出していて、投資環境改善のための規制緩和と、投資誘致のための財政支援が柱になっている。

規制緩和ではネットゼロ技術を対象に、許認可手続きを簡略化するほか、製造計画の許認可を申請する事業者に単一の窓口で受け付けられるようにする。環境影響調査も複数の評価を一つに調整した形で進められるようにし、認可手続きの期間も最大1年半にする。

財政支援に関しては、バッテリー、太陽光パネル、風力タービン、ヒートポンプ、電解槽、二酸化炭素回収・有効利用・貯留（CCS）装置をネットゼロ技術と位置づけ、加盟各国が直接的な補助金のほか、税制上の優遇措置、新規融資に対する利率補助や保証などを実施する。

こうした政策ミクスを実施すると、電力を柱とする公益事業のネットゼロ化や、民間のネットゼロ開発投資などで、巨額投資が発生する。ＥＵはグリーンディールのために１０年間で必要になる投資額は１兆ユーロにのぼると見込んでいる。公益事業を中心に変革が必要な部分は多く、累積投資は民間分も含めると最終的には7兆ユーロ程度に膨れ上がるとの見方もある。

ＥＵの目論見通りに推移すれば、この巨額投資が成長をけん引し、環境対策も成長もという、欲張りの目標達成が視野に入る。

ただ、２０２２年に、ＥＵに石油、天然ガスを供給していたロシアが、ウクライナに侵攻し、ＥＵは対ロ制裁の一環として、ロシア原油・天然ガス輸入の削減などを打ち出した。侵攻前のＥＵのネットゼロ計画は、ロシア産の安価な天然ガスに依存する面もあったが、見直しを余儀なくされている。

またネットゼロ達成に向けた電気自動車の普及のため、ガソリン車の禁止を含む計画を打ち上げたものの、電気自動車には問題も多く、ハイブリッド車が売れている。２０３０年に向けて計画を作って取り組み始めた早々に見直しを迫られる厳しい状況になっている。

エネルギーを太陽光などに転換するのは正しいことではあるが、太陽光発電のパネルや、発電した電力をためる蓄電池に使う希少金属は、採掘時に環境悪化を招く恐れがあり、そうしたサプライチェーン全体まで見通すと、どの程度環境悪化を抑制する効果があるのか、不透明な面もある。

何よりも、民生に大きな犠牲を強いて経済を転換するのは難しく、今の資本主義の枠組みを維持しながら、国民の許容範囲内で転換を進めることになる。環境問題への疑念を抱く人がより多い米国では、そのスピードはより遅くなるだろう。

もともと両立しないと考えられがちだった、成長と環境の両立を目指すグリーン資本主義は、目指す方向として掲げることはできても、実行は簡単ではない。ただ、それ以外に有効な対策がないため、欧州はその方向に大きくかじを切ることになった。

# 4 脱成長の試み 成長の前提は見直せるか

## スモール・イズ・ビューティフル

環境問題が投げかけた疑問は、成長を目指す資本主義が生み出す環境悪化が、成長の果実を上回る恐れがあるということだった。特に地球温暖化が行き過ぎれば、酷暑、洪水など人々の暮らしを脅かしかねない。

今、そうした事態への対応としては、技術進歩で環境悪化の程度を小さくしたり、二酸化炭素の排出を減らして温暖化の速度を抑えたり、止めたりすることで、成長を維持しようというのが主流である。それに対し、そもそも成長を目指すから環境が悪化するので、必ず成長しなければならないという前提のほうを見直すべきだとの議論も活発になっている。

成長にこだわることへの疑問は、比較的早い段階から提起されていた。

英国で1973年に、ドイツ系英国人の経済学者、エルンスト・フリードリッヒ・シューマッハによるエッセイ集**『スモール・イズ・ビューティフル』**が出版された。

当時は、戦後復興を成し遂げたドイツや日本が米国を追いかけ始めた時代。日本では1960年代末に「大きいことはいいことだ」というCMソングがはやるなど、成長に対するこだわりが強かった。その一方で、公害問題が注目されるなど、成長に伴う陰りも取り上げられ始めていた。

シューマッハは英国で国有化された石炭鉱業を運営するための組織である国家石炭委員会で主席経済顧問などを務めた。石炭を推奨する一方で、石油については有限な資源であるとの考えの持ち主だった。

『スモール・イズ・ビューティフル』では、天然資源は再生可能ではなく、最終的には枯渇する恐れがあるのに加え、汚染に対する自然の抵抗力にも限界があることから、経済は持続不可能との考えを示した。そのうえで、より小さな労働単位、共同所有権、さらには地元の労働力や資源を利用する職場に基づく中間技術のシステムなどを提唱し、資本主義が生み出した大きな資本による経済体制に疑問を呈した。

同年起きた第一次オイルショックと相まって、シューマッハの指摘は、環境制約下の新しい価値観として注目され、英国の世論に大きな影響を与えた。成長だけが目的ではないとの思想は、じわじわと広がっていくことになる。

## ワンチュクの慧眼――ブータンが目指したGDPよりGNH

成長最優先への疑問を、国の経済運営に結びつけたのは、ヒマラヤの小国、ブータンの第4代国王だったジクメ・センゲ・ワンチュクだ。

ブータンはチベット仏教を国教とする仏教国で、ワンチュク家による王政が敷かれ、立憲君主制に移行したのは2008年になってからである。1974年まで、独自の文化や社会を守るため、外国からの旅行者も受け入れていなかった。そのような体制下、4代国王に就任したジクメ・センゲ・ワンチュクは、景気を測る指標として用いられてきた国民総生産（GNP）や国内総生産（GDP）は経済的生産や物質主義的な豊かさだけに着目しているが、それには国民の生活の満足度や、その国際的な評価などが含まれていないことを問題視した。

そこで1972年に政策目標として、GNP、GDPではなく、国民一人当たりの幸福を最大化することによって社会全体の幸福を最大化することを目指すことにし、その指標として**国民総幸福量（GNH）**という概念を提唱した。

GNHは「持続可能な開発の促進」、「文化的価値の保存と促進」、「自然環境の保全」、「善い統治の確立」を四つの柱としている。また、それにそった政策を展開するドメイン（領域）として、「教育」、「生活水準」、「健康」、「心理的幸福」、「コミュニティの活力」、「文化の多様性・弾力性」、「時間の使い方」、「良い統治」、「環境の多様性・弾力性」を掲げている。

経済成長を目指すことを否定しているわけではないが、それは「持続的な開発の促進」という四つの柱の一つ、「生活水準」という九つのドメインの一つに過ぎないとの位置付けだ。

こうした考え方に基づく治世が続き、のちに国民の大多数が幸せであると感じていたため、ブータンは「世界一幸せな国」とまで呼ばれた。実際にブータンを訪れてみると、国民は日本よりはるかにのびのびし、楽しそうに暮らしている。犯罪は極めて少なく、治安の良さは日本以上だ。

ただ、首都のティンプーや、空港のあるパロを歩くと、町並みは明治時代の日本のような趣で、国民の暮らし向きは豊かとは言えない。中部の都市ジャカールの隣村では、ようやく電気が通ったばかりだった。インフラ整備の遅れなどの問題もあって、GNHを指標とした政策運営には批判的な見方もある。

とはいえ、半世紀以上前に、資本主義が抱える問題点を見抜き、それを改める方向でGNHを考案し、それに基づいた統治を行ったのは画期的で、それは世界的に大きな影響を与えた。

## 幸福に注目しよう

資本主義の前提となる成長を優先する価値観に対して、別の角度からのアプローチとして注目されたのは「幸福感」だった。

経済学の世界では、1970年代に「**幸福経済学**」が勃興する。古典経済学では幸福や満足度は測定できないと考えられていたが、幸福という主観的な概念であっても、所得、寿命といった客観的な尺度で捉えることができ、それを体系的に組み立てようとする動きである。

そうした幸福を経済的に捉える動きの初期に活躍した学者に、米ペンシルベニア大学で経済学部長などを務めたリチャード・イースタリンがいる。

イースタリンは1974年に、所得など幸福に関するデータを分析した結果、一般に所得が高いほど幸福度も高いが、所得が増加し続けるのに比例して幸福度が増すわけではない、との研究結果をまとめている。幸福は周囲との相対的な関係のなかで決まるほか、いったん得た幸福は時間の経過とともに慣れてしまい感じ方が変わることなどを指摘した。

この理論はイースタリンのパラドックスとして関心を集め、それに関する賛否両論が展開されたこともあって、経済を評価するうえで、幸福感や満足感も視野に入れるべきだとの考え方が広がっていく。


21世紀になると、経済政策を実施するに当たって、受益者である国民の幸福度をより重視すべきだとの機運が高まる。持続可能な開発ソリューション・ネットワークは2012年から、調査会社のギャラップ、オックスフォードのウェルビーイングリサーチセンターと組んで、世界幸福度報告をまとめている。

一人当たりGDP、社会的支援、健康寿命、自由、寛大さ、汚職の6分野について、ギャラップ世界世論調査による人生の評価を活用して、自分の現在の生活を評価してもらい、それをランキングしている。

それまでは幸福を表す指標として所得など客観的な指標を使いがちだったが、このリポートでは幸福感は個人の主観に基づく面が大きいと考え、ギャラップの世論調査の手法を応用して、主観的な幸福感を取り入れているのが特徴だ。

これは現在でも幸福を表す有力な手掛かりと考えられ、毎年注目されている。最新の2024年版では、幸福度のトップはフィンランドで、デンマーク、アイスランドが続いている。米国は23位にとどまっている。アジアでは30位のシンガポールが最も高く、日本は51位となっている。

成長最優先ではない経済の目標に関しては、幸福のほかに、環境悪化などに注目したものもある。生態経済学者で世界銀行環境局のエコノミストも務めたハーマン・デイリーと神学者のジョン・コブが1989年に開発した「**持続可能な経済福祉指標**」（ISEW）が、その典型である。GDP算出の際に、例えば個人消費はすべての支出を単純に合計するが、それだと社会経済的な質が反映されない。そこでISEWでは、所得分配や汚染に関連するコスト、その他の持続不可能なコストなどの要素を含ませようとした。

またOECDは、ベター・ライフ・イニシアチブの一環として「経済パフォーマンスと社会進歩の測定に関する委員会」を立ち上げ、そこでGDPなどでは捉えられない経済の懸念への対処方法を検討した。

委員会の報告書は、環境の持続可能性、福祉の向上、不平等の解消などに焦点を当てた、成長をより適切に反映できる社会・福祉の指標の開発を勧告。それに基づいて、OECDは2011年に「**OECDベターライフ・インデクス**」を作成している。

このインデクスには幸福に関する11の項目（住宅、収入、仕事、コミュニティ、教育、環境、ガバナンス、健康、生活満足度、安全性、仕事と生活のバランス）を評価している。収入の項では、世帯収入や金融資産といった経済成長に関連する項目も捉えられるが、環境の項目では環境の質が問われ、ガバナンスでは民主主義への関与が問われるなど、より幅広い指標になっている。ブータンが使っているGNHの考え方を、より精緻にした指標と言えるだろう。

OECDはこのインデクスに基づくランキングを公表しており、2020年版ではトップがノルウェー。オーストラリア、アイスランドが続き、日本は25位になっている。

## セルジュ・ラトゥーシュの脱成長の訴え

そうした成長の見直しに、より踏み込んで、目標としての成長を取り下げることを主張しているのがオルセー大学の名誉教授、セルジュ・ラトゥーシュである。

ラトゥーシュは2000年代前半から、仏ルモンド紙上などで、成長が主目標の成長社会は、生物圏の限界に直面するため、持続可能ではなく、「脱成長」を目指すべきだとの主張を展開してきた。2010年にはディディエ・アルパジェスとの共著で『**脱成長のとき**』を著し、資本主義の在り方をめぐる議論に一石を投じた。

ラトゥーシュの脱成長の議論では、成長社会は「成長経済が支配し、成長経済に吸収されやすい社会と定義できる。したがって、成長のための成長が、唯一ではないにしても人生の主要な目標になる。そのような社会は生物圏の限界に達するため、持続可能ではない。熱狂的な成長の永続は全体的な劣化につながる」と指摘している。

そのうえで、脱成長政策について「まず満足をもたらさない環境への負担を軽減、あるいは排除する。地球上のかなりの量の人や物の移動と、それに伴うマイナスの影響に疑問を呈するべきだ。巨大機械をより高速に稼働させる以外に正当な理由がない使い捨て製品や機器の陳腐化が加速しており、蓄えがたくさんあるため、物質消費量は減らせる」と説明している。

もちろん成長の鈍化は、人々の暮らしを直撃する恐れがある。それについては「失業や最低限の生活の質を保証する社会的、文化的、環境的プログラムの放棄により、社会を混乱に陥らせる。マイナス成長率は大惨事で、脱成長はそんなことを目指しているのではない。脱成長はマイナス成長ではなく、文字通り『前進しながら後退する』ことであり、幸福度の低下を意味するわけではない」と主張している。

その実現に向けた前提条件として、すべての人に満足のいく雇用を確保するために課せられる労働時間の大幅な短縮をあげている。「利他主義は利己主義よりも優先され、際限のない競争よりも協力が、仕事への執着よりも余暇の喜びが、無制限の消費よりも社会生活の重要性が、生産主義的な効率よりも美しい仕事への志向が、優先されるべきだ」と主張する。

この脱成長路線は、ややユートピア的な側面が強い。それを実施しようとすると、人々はかなり価値観の修正を迫られるし、それで貧困の撲滅などが本当に進むのかといった問題も生じる。ただ成長を無限に追い求めると環境が限界に達する恐れは強く、価値観の転換を迫る圧力は徐々にかもしれないが経済社会に浸透している。

## ニコ・ペチのポスト成長経済

成長のみを目指さない経済論はフランス以外でも展開されている。

英国では政府が出資する独立組織のサステナブル・ディベロップメント委員会が2009年に、サリー大学教授で環境経済学者のティム・ジャクソンによる「**成長なき繁栄**」と題するリポートを出している。

リポートはまず「過去四半世紀の間に、世界経済の規模が倍増する一方、消費の増加により世界の生態系の推定60%が劣化した。成長の恩恵は不均等に分配されており、世界人口の5分の1が世界所得のわずか2%を分配されているに過ぎない。先進国であっても、富裕層と貧困層の間には依然として富と幸福の大きな格差が存在する」と問題点を指摘している。

そのうえで、経済と社会・環境を切り離す愚に終止符を打つ必要があると指摘。「持続可能性のための新しいマクロ経済学は、経済安定の基礎となる物質消費の成長という前提を捨てなければならない。それは、生態学的かつ社会的なリテラシーを備えたものでなければならない」と強調している。

また、限界があるなかで、経済の立て直しは問題の一部に過ぎず、消費主義の社会的論理に対処することも重要だと主張し、「物質的な商品が私たちの生活に深く関わっているが、変化は不可欠である。単に消費主義に抵抗するだけでは、失敗に終わる運命にある。物質主義でない方法で、社会生活に有意義かつ創造的に参加できるような新しい仕組みを構築することが必要である。物質主義的でない社会は人生の満足度が高まる。成長主導型の経済でなければ、人々のワーク・ライフ・バランスが向上する。公共財への投資が強化されれば、国家の繁栄に永続的な見返りをもたらす」と指摘した。

またドイツでは経済学者のニコ・ペチが、国内総生産（GDP）が伸びず、消費水準は相対的に低下するものの、供給構造が安定する「ポスト成長」経済を提唱している。地域経済の重視、自給自足の活用などを通じて、個人の生活の質を向上させ、全体的な幸福を高めようとするものだ。

ライフスタイルや供給パターンに関して、ニコ・ペチは「貨幣ベースの外部供給に依存している人は、貨幣を生み出す成長マシンが止まれば、生計を失う。消費と生産の間の距離が小さい供給構造のみが安定する。多くのニーズは、地域市場、短縮されたバリューチェーン、コミュニティ支援農業などの概念を通じて満たせる。地元の供給構造によって解消または代替できない消費者の需要は、工業生産に頼るが、それは最小限に抑える」と述べている。

また、環境に関しては、個人の二酸化炭素バランスを通じた対応が欠けていると指摘。すべての人に同じ年間排出枠(約2~3トン)の権利を与え、それを取引可能にすることで、(排出枠の総量が、地球規模の負担の総額に相当するよう設計されるため)気候保護目標を守ることもできるとしている。

ニコ・ペチの考えは、経済成長とは無関係な個人のニーズに立脚したものだが、経済成長は経済的限界に達していることを認めており、フランスや英国の脱成長の流れと軌を一にしたものと言える。

## 成長を目指せない――1・5度特別報告の衝撃

近年、「脱成長」など論議が再燃している大きな理由の一つは、気候変動の悪影響の加速度的な顕在化である。

気候変動への取り組みとして画期的だったのは、気温上昇を2・0度に抑えることを目標に掲げたパリ協定だが、多くの国が1・5度の気温上昇でも大きな影響を受けるため、IPCC(気候変動に関する政府間パネル)が2018年に「1・5度特別報告書」をまとめた。「地球温暖化を2・0度ではなく、1・5度に抑制すると、気候関連のリスクにさらされ、貧しくなりやすい人を最大数億人減らせる」というもので、目標の1・5度への強化を強くにじませたものになった。

報告書では1・5度を目標とする際の複数のシナリオを示しているが、どのシナリオでも化石燃料の使用は減少させなければならないとしている。

電力部門の現在の傾向に基づくシナリオ（大規模テストされていない炭素回収貯留を備えたバイオエネルギーなどに依存しないシナリオ）では、一次エネルギーに占める石炭の割合は2030年までに78％減少（2010年比）させ、2050年までに97％減らす必要があるとしている。また、ガス由来のエネルギーの割合は2030年までに25％、2050年までに74％、それぞれ減らす必要があり、石油由来のエネルギーの割合は2030年までに37％、2050年までに87％それぞれ減らす必要があるとしている。

一方で、太陽エネルギー、風力エネルギーなど再生可能エネルギーは、2030年までに電力の47－65％、2050年までに電力の69－87％を供給すると予測している。

そのうえで報告書は「提示されているほぼすべての実現可能な経路は、2030年までに世界の累積排出量が減少し始める必要があるため、政策立案者は、現在投資が検討されている新しい化石燃料インフラのほとんどが中止されるべきであるという現実に対処しなければならない」と強調している。要は火力発電所などの新設はやめろという強いメッセージである。

スタンフォード大学の准教授、マーシャル・バークらは、地球温暖化を2度ではなく1・5度に抑えることによる効果について、「75％以上の確率で世界全体の経済損失が少なくなり、その減少分は60％以上の確率で20兆米ドル以上に達する」と分析している。大規模な海面上昇などが回避できる可能性があり、それが損失を小さくするためだ。

ただ、そのためのエネルギー消費の削減はトータルで40%前後に達する公算が大きい。全量再生エネルギーで置き換えられる可能性は低く、結果的に報告書の示す1・5度目標を達成しようとすると、成長率を下げざるを得ないことになる。

環境悪化を食い止める新たな技術に期待するのは勝手だが、それが実現するかどうかはわからない。かといって、温暖化を放置するわけにはいかないので、消去法的ではあるが、脱成長派の主張が現実味をもって語られるに至っている。

# 第5章 不都合な真実

## アングロサクソン一人勝ちの誤算

冷戦後、社会主義に勝利した資本主義の時代が来たと考えられたが、その後の展開は想定通りとはいかなかった。

最も成長したのは社会主義の枠内で市場の要素を取り入れた中国である。幸福感が高いのは、資本主義のなかでも社会主義に最も近い福祉資本主義を追求した北欧諸国だ。

勝者だったはずの米国で発達した株主資本主義は、時価総額が3兆ドルを超えるような巨大企業を生み出したが、格差拡大や環境悪化をもたらし見直し圧力が強まっている。

成長を求めてアングロサクソン型を志向した日本は、主要国では最も低い成長にとどまっている。資本主義がバラ色の将来をもたらすというのは、夢物語に過ぎなかったのかもしれない。

# 1 「冷戦後の時代」の終わり

## 失われる「平和の配当」

資本主義が勝ち残った「冷戦後の時代」が、終わりを迎えようとしている。ソ連の崩壊に伴う冷戦終結で、核兵器の開発を競うような軍拡競争の時代に終止符が打たれる。多くの国で軍事費負担の軽減が可能になり、「平和の配当」への期待が高まった。

世界のGDPに占める軍事支出の比率を見ると、キューバ危機の1962年には6・2％だった。その後、いったん3％台後半に下がったが、米ソが軍拡を競った1982年には4・4％に再上昇していた。しかし、ソ連の力が落ち、冷戦が終了していくなかで比率は2000年の2・2％まで着実に低下し、その後も2％台前半で推移していた。

軍事支出の減少に伴って、より多くの資金がインフラ開発など経済振興に回され、それが高い成長を支えた。世界が「平和の配当」を享受できたと言える。

しかし、2022年に始まったロシアによるウクライナ侵攻は、状況を大きく変えようとしている。ウクライナ紛争は、ウクライナを支援するNATO（北大西洋条約機構）対ロシア及びそれを支援する中国、イランなどの軍事対立の構図になっている。

スウェーデンのストックホルム国際平和研究所（SIPRI）のまとめでは、2023年の世界の軍事費は総額2兆4430億ドルと、前年に比べ実質で7％増えた。増加率は2009年以降で最も高いという。

欧州のシンクタンク、ブリューゲルの論文「平和の配当の転用」で筆者のマリア・デメルジスは「ウクライナ紛争によって、国防費を削減し、有益な経済活動に投資されることによって生み出された（ベトナム戦争以降の）『平和の配当』を享受していた60年の期間は終わった」と分析している。

また、米経済学者のケネス・ロゴフ氏は、「平和の配当は終わったのか」と題するコラムのなかで、「ドイツのショルツ首相が国防費をGDPの2％以上に増やすと発表したことは、欧州がついに行動を起こす可能性があることを示唆している。しかし、そのようなコミットメントは財政に大きな影響を及ぼす。パンデミック（感染症の世界的大流行）時代の大規模な財政刺激策の後、これらを消化するのは難しいかもしれない」と、指摘している。

## 分断が招く、グローバリゼーションの後退

経済フレームワークに関して、冷戦後の時代は、社会主義が敗退し、世界のほとんどの国が資本主義の枠組みに組み入れられた。東側、西側を問わない国境を越えたヒト、モノ、カネの流れが世界的に活発になり、それが成長をもたらした。ところが、「冷戦後の時代」が終わり、国境を越えたヒト、モノ、カネの動きに制限が強まりつつある。

米国は中国やロシアの軍備に関わるようなハイテク製品の輸出禁止や、関連企業に対する融資の禁止などに動いている。大学の高い技術が盗まれることを懸念して、中国からの留学生への制限を強めている。制限は軍事面にとどまらない。中国が高い競争力を保持している太陽光発電や電気自動車といった分野に関しても、多額の政府補助に支えられたダンピングだなどとの理由で高率の関税を課している。

両陣営の直接取引があまりなかった冷戦期ほどではないが、西と東を隔てる経済の壁は確実に高まりつつある。

ベルギーにあるゲント国際ヨーロッパ研究所が公表した論文「私たちが知っているグローバリゼーションの終わり」のなかで、筆者のフェルディ・デ・ビルは「ウクライナでの戦争とロシアに対する西側の制裁が世界経済を（少なくとも）二つの部分に分割するだろう。経済と貿易が地政学的なレンズを通して認識されるようになると、効率や持続可能性よりも、安全と防衛が優先される可能性がある」と指摘している。

## 成長を目指す資本主義への逆風強まる

分断の影響は小さくない。

冷戦後の時代には、株主資本主義のもとで、企業は世界中で最も安いところで資源を手に入れ、人件費の最も安いところで加工し、税率の最も低い国で財務処理することで、利益をあげた。しかし分断の時代には、最も安い資源が入手できなくなる恐れがある。それどころか、戦略的に重要な希少資源は戦略物資として供給が制限される可能性すらある。

安い労働力が豊富な新興国は中ロと関係の深い国に多く、分断が進めば、G7やNATOの国々がそうした労働力をこれまで通り利用できる保証はなくなる。それは冷戦後の時代には死語に近かったインフレの復活や、生産性の低下を招く恐れをはらんでいる。

しかもこの先、人口が増えるのはインド、パキスタン、ナイジェリアなど新興国が中心で、経済はどんどん新興国にシフトしていく。あと数年でG7のGDP合計はBRICSの合計に抜かれ、その差はさらに広がっていく。

我々日本を含む先進国は、ますます成長を実現しにくい環境に追い込まれていく可能性があるのだ。それは冷戦後の時代の後には、成長を目指す資本主義への逆風が、冷戦後の時代よりも強まることを意味している。

# 2　成長を引き出した国家資本主義　社会主義の修正復活

## 共産党管理の市場が機能した中国

冷戦終結で、資本主義は社会主義との戦いで勝利をおさめたと考えられたが、敗れたはずの社会主義が、資本主義的な要素を取り入れ復活を果たしている。

もともと資本主義が前提として組み込んでいた「成長」という視点で見ると、冷戦終了後、最も高い成長をたたき出したのは、おそらく社会主義に市場の考え方を取り入れた**国家資本主義**の中国である。

鄧小平によって市場の考え方を取り入れた中国は、天安門事件の後、ほぼ20年にわたり二桁成長を続けた。それは第二次大戦後、「エアハルトの奇跡」と呼ばれた西ドイツ、「漢江の奇跡」と呼ばれた韓国、米国を猛追した日本の高度経済成長などの成長速度をも上回るものだった。文化大革命で経済がズタズタになり発射台が低かったのは事実だが、それを立て直し、日本を抜いて世界第2位の経済大国となった。

この経済発展は、市場の考え方を取り入れることで国民の意欲と能力を引き出した結果ではあるが、米国のように自由主義を基礎とし、それに市場を組み合わせて国民意欲を引き出したわけではない。市場は社会主義の枠内で運営され、その社会主義も事実上共産党一党支配で、開発独裁に近い体制だ。国民には自由にものを言えないなどの不満は少なくなかったが、経済成長に伴う果実を提供し続けてきたことが大きかった。

実際、国民は文化大革命までは食うにも困る状況だったが、今は食に不自由することはなくなった。かつて日本から見るとみすぼらしかった住居も、今では中高層住宅でこぎれいな暮らしを謳歌している。多くの都市で、通勤は自転車から地下鉄に変わり、少し豊かな人は自動車を使っている。娯楽もスマホで簡単に手に入るようになった。

共産党による指揮統制モデルから、欧米型とは異なるものの国家統制が効いた市場ベースのシステムに移行し、何億人もの国民を極度の貧困から救い出したのは間違いない。

## 腐敗には死刑も――強権的なグッド・ガバナンス

資本主義的な要素を取り入れた結果、腐敗や投機などが頻発したのも事実である。

私有財産を否定する社会主義から、市場の要素を取り入れた国家資本主義への転換に当たっては、政府の組織や人民公社が、会社形態に変換された。新しくできた国営会社には従業員が何十万人もいる大規模なものもあり、そのトップには党や政府の高官がつき、あり得ないような報酬を得たり、賄賂で私腹を肥やしたり、会社自体を私物化したりするケースが相次いだ。

それに対し、国家主席の習近平は徹底的な腐敗撲滅運動を繰り広げている。それには政敵の排除といった狙いが指摘されることもあるが、資本主義的要素の導入に伴う腐敗やひずみを正す重要な役割も担った。欧米でも市場を公平に機能させるため独占禁止法などが設けられているが、中国は独禁法だけでなく、強権的かもしれないが、より踏み込んだ策を講じた。

例えば、中国のウォーレン・バフェットとまで言われた泽熙投資のゼネラルマネージャーだった徐翔は、インサイダー取引容疑で逮捕され、2017年に懲役5年半、罰金110億元の判決を受けている。

中国農業銀行会長を経て中国保険監督管理委員会の委員長だった項俊波は、米銀に友人の娘を雇うよう働きかけたことが報じられた後、規定違反で共産党を除名され、収賄罪で投獄されている。銀行から不良債権を買い取るため国が出資して設けた中国華融資産管理股份有限公司の董事長などを務めた頼小民は、地位を利用して賄賂17億8800万元を受け取ったとして収賄の罪に問われ、死刑になった。

中国の大手不動産、万科に敵対的買収をしかけた宝能投資集団の董事長だった姚振華は、資格を取り消され、保険業界から追放された。敵対的買収は欧米では一般的でも、企業株を買い占めるような動きは投機的であるとして受け入れられないと判断された。

こうした有力者や億万長者だけにとどまらず、毎年何万人もが、腐敗撲滅運動で逮捕、起訴されている。

人民日報は腐敗防止について「民営化ブームが到来した１９８０年代以降、西側諸国の政府は公共サービスの機能を市場に移譲した。しかしこれに対する監督管理機関が不足していたため、特に市場経済移行国において、腐敗の病巣を生み出す結果となった。中国では形式主義、官僚主義、享楽主義、贅沢主義などを取り締まることなどで、党内の良くない気風を正し、制度面での保障を打ちたて、グッド・ガバナンスの実現を推進し、『国民に奉仕、実務的、清廉』という理念を着実に実施するうえで、実質的な成果を得た」と自賛している。

資本主義的な手法を取り入れる過程では、住宅投機も発生した。上海などでは比較的富裕な個人が、値上がりを期待して2軒目、3軒目の住宅を購入し、それが住宅バブルを招いた。

それに対し当局は、2軒目以降の住宅購入を制限した。さらに住宅は「住むためのもの」との方針を示しながら、住宅開発会社の健全性規制や銀行の不動産融資規制を強化して、住宅バブル潰しを実施している。

住宅開発会社はあの手この手で資金を借り入れて、借金まみれになりながら住宅開発を続けていた。借り入れ依存の開発は住宅価格が上がっている間は利益が得やすいが、下落に転じれば損失が膨らみ、経営が危うくなる。欧米では利益をあげるため多用されている手法だが、中国はこの手法は不健全と判断した。

これらの措置は社会主義の枠内での市場の要素の取り入れの行き過ぎを修正したと言える。私欲を利用して成長を引き出そうとする資本主義は腐敗や投機を招きやすいため、そうした面を取り締まり、資本主義の持つ成長促進の面だけを取り入れようとしているのだ。

ただ、中国では住宅バブル退治の影響で、不動産が低迷している。成長一本やりの政策を修正したのだから、当然とは言え影響は小さくない。

実際、大手不動産開発業者の中国恒大集団や碧桂園が発行した社債でデフォルト（債務不履行）を起こしており、国民の不動産開発会社に対する信頼が揺らいでいる。

中国の場合、住宅は完成よりかなり前に購入契約を結び、住宅ローンを払い始めるが、開発会社の信頼が失われた状況では、国民はそのリスクを取ることになる住宅購入には慎重にならざるを得ないのが現実だ。

そのため不動産業の低迷は長期化が必至と見られている。住宅関連は中国のＧＤＰの３割弱を占めており、その低迷はかなり強い成長抑制圧力になる。

中国がその状況を乗り切れるのか不透明との見方もあるが、仮に乗り切れば２０３０年代には米国のＧＤＰを追い抜くことになる。**成長を目指す資本主義の勝者が、株主資本主義を追求した米国ではなく、国家資本主義を追求した中国**という不都合な真実が現実のものになるかもしれない。

## 市場経済で再生目指した新生ロシア

1991年、ソ連が解体され、ロシア共和国が連邦から離脱し、新生ロシア連邦が成立する。世界の社会主義をリードしてきたソ連は崩壊し、ロシア連邦が新しい体制づくりに乗り出すことになった。

大統領のボリス・エリツィンは、ソ連の社会主義とは決別し、貿易、価格などを自由化する市場経済への移行に取り掛かった。IMFの助言も取り入れた資本主義の導入だったが、金融引き締めと社会保障の削減が国民生活を一段と圧迫する一方、価格自由化はハイパーインフレを引き起こした。

国有企業は、国民に株式を与え民営化されたが、その仕組みを利用して、国有企業を支配する新興財閥（オリガルヒ）が登場し、強大な利権を獲得した。しかし、腐敗が蔓延し、1998年には財政危機に陥り、ロシアの短期国債が債務不履行（デフォルト）を起こし、翌1999年にエリツィンは辞任する。

エリツィンの後に大統領となったウラジーミル・プーチンは、前政権で腐敗したオリガルヒの脱税取り締まりに着手し、財政再建の道筋をつけた。法人税、消費税の引き下げなどの税制改革と、不動産売買の自由化などによって、デフォルトで慎重になっていた海外からの投資を再度呼び込むことにも成功し、ロシア経済を活性化する。ソ連崩壊以降、生活水準が下がっていた国民に対しては、住宅建設や農業支援などを実施した。

またプーチンは、政府によって戦略企業を指定し、所有権の国家化（再国有化）を進めている。エリツィンによって行き過ぎた資本主義化を修正する動きであり、中国で見られる国家資本主義に近い体制になっている。

ロシアは南部に大穀倉地帯を有しているほか、石油、天然ガスなど資源の宝庫でもある。ソ連の体制では、それを生かすことができなかったが、プーチンが重要産業、資源では国のグリップを強く残しながら、市場メカニズムも取り入れ、小麦や天然ガス、石油で世界有数の輸出国の地位を確立した。


2024年4月にプーチンは、ロシア産業企業家同盟の会議に参加し、経済政策に対する考え方を明らかにしている。一部で資産の再国有化の先行きを不安視する声が出ていたが、「民営化の成果の修正を提案しているわけではないことを強調したい。この問題は、企業やその他の資産の所有者の作為または不作為が国家の安全と国益に直接損害を与える場合に関するもの」だと強調した。

そのうえで、「国は、企業が有望なプロジェクトに着手し、設備投資を促進し、新たな雇用機会を創出するのを支援することに引き続き取り組んでいる。本質的に、私たちは企業に対し、国民の福祉とロシアの家族の福祉の向上に貢献しながら、自社の利益にかなう取り組みを追求することを奨励する」と述べている。

## ドイツを抜いたプーチンの国家資本主義

ロシアは2022年、隣国ウクライナに侵攻した。欧米から見るとロシアによる突然の侵攻ということになるが、ロシアはウクライナの攻撃からのロシア系住民の保護などのためとしている。背景にはウクライナのミンスク合意違反やNATOの東方展開があり、世界的にはG7、NATO加盟国を除くと、必ずしもロシア批判一色ではない。

このロシアのウクライナ侵攻は、復活したロシア経済の実力をうかがわせることになった。侵攻当初、IMFは侵攻によってロシア経済は2022年にマイナス8・5%、23年にマイナス2・3%成長になると予想した。

ロシアは名目GDPで見るとG7とBRICS4か国を足した11か国中、11位でしかない。確かにロシアには米国のように世界を牛耳るIT企業はないし、ディズニーのような娯楽産業もない。またLVMHのような高級品産業も育っていない。GDPを押し上げる、今はやりの産業に欠ける。

しかし、小麦輸出では世界最大級。天然ガス、原油では世界有数の産出国である。加えて産金量も世界でトップ争いをしている。それらはオールド産業かもしれないが、基本的な国力の源泉であることは間違いない。それが強力なベースとなり、実際のGDP成長率は、22年はマイナス1・2%の小幅下落にとどまり、23年はプラス3・6%成長とプラス成長に戻った。

ＩＭＦによるロシア経済苦境予測を覆したのだ。それどころか、購買力平価ベースのＧＤＰのランキング（２０２２年、世界銀行調べ）を見ると、トップは中国で、米国、インド、日本、ロシアと続いている。国家資本主義の雄である中国が米国を上回り、ロシアが欧州最強のドイツを抜いている。社会主義は敗退したと考えたい人にとっては、不都合な真実が横たわっているのだ。

もちろん、今はウクライナ戦争を戦いながら、経済成長を続けているものの、今後、戦争の負担が国の経済にのしかかってくる。旧ソ連は、隣国アフガニスタンへの侵攻が重荷になっただけに、欧米には早晩ロシア経済も苦境に陥るとの見方もくすぶる。

ここまでの実績だけを見ると国家資本主義は、成長を引き出すという点においては、ほかの資本主義より優れているように見えるが、それが大規模な現代社会の生産能力を組織化する資本主義よりも優れたフレームワークであるかどうかは、まだわからない。

# 3 ― 北欧モデルは理想か

## 高い幸福度支える高福祉・高負担

成長率の尺度では国家資本主義が優れているように見えるが、そこに住んでいる国民の満足度という視点からの評価は低い。その面での勝ち組は、北欧の「**福祉資本主義（社会民主主義）**」のモデルである。

英オックスフォード大学ウェルビーイン・リサーチセンターが発表した世界幸福度報告（2024）によると、幸福度のランキング（2021－23年のスコア）でトップはフィンランドである。以下、デンマーク、アイスランド、スウェーデン、イスラエル、オランダ、ノルウェー、ルクセンブルク、スイス、オーストラリアと続く。

競争力や一人当たりGDPで上位に食い込んでいた米国は23位、日本は51位となっており、4か国がすべて10位以内に食い込んでいる北欧の健闘が際立つ。

満足感が一定の経済的成功に裏付けられているのは間違いない。北欧は人口規模が500万人から1000万人程度の小国だが、一人当たりGDPで見ると上位10位にノルウェーとデンマークが入っている。

また、スイスのシンクタンクIMD（国際経営開発研究所）がまとめた競争力リポートの2022年版では、競争力トップはデンマークで、上位10位にノルウェー、スウェーデン、フィンランドも入っていた。

1990年代にソ連崩壊の影響でソ連依存経済が大きく揺らいだが、その後、フィンランドとスウェーデンはソ連から独立したバルト三国に食い込んだほか、復活したロシアとの経済関係を再構築し、高い成長を勝ち取った。またノルウェーは産油国として栄え、デンマークはノボ ノルディスクが世界的な製薬会社として国の経済をけん引している。

経済を考える際、所得や賃金など成長に関する指標は重要だが、人々を動かすのは物やお金だけではない。北欧の米国との違いは、まさに幸福度の高さにほかならない。国民皆保険、寛大な育児休暇政策、そして長い寿命などが背景にあり、それを支えているのは、高負担・高福祉の経済モデルである。

政府の政策が透明性を伴って、適切に運営管理されている限り、通常、増税と引き換えに、より多くの公的給付を得ることは、不平等の縮小とすべての人にとっての経済的安全安心につながりやすい。北欧では政府がプログラムを適切に管理し、強力なセーフティネットが透明に運営されていると信頼されている。

経済学者のジェフリー・サックスは北欧モデルについて「米国資本主義の卑劣な不平等と、経済の失敗した中央計画との間に、確かに道があることを世界に納得させるための実証となった。現代の資本主義が礼儀正しさ、公正さ、信頼、誠実さ、そして環境の持続可能性と組み合わせることができるという証拠だ」と、高く評価している。

## オバマの「北欧モデルに近づくのは理にかなっている」

米国の元大統領バラク・オバマは、「私たちの目標が社会的結束を築き、民主主義を強化することであるならば、北欧モデルに近づくことは理にかなっている」と北欧モデルを評価している。信頼の例として教育システムに関して「フィンランドやデンマークでは、金持ちが自分の子供たちを貧しい人々と同じ学校に通わせている。それはその学校が高度な訓練を受け、地位の高い教師を擁し、非常に優れているからだ。そしてそれは、共通の経験を持つ、十分な教育を受けた健康な国民を生み出し、彼らが政府の仕組みにさらに投資し、次世代のために良い成果を生み出すことになる」と紹介している。

もちろん、北欧のモデルが、本当に持続可能か不透明な面もある。北欧のうちフィンランドとスウェーデンは中立を保ちながら対ロ・ビジネスを獲得してきた面があるが、ロシアのウクライナ侵攻を受けて軍事同盟のＮＡＴＯ（北大西洋条約機構）に加入したことから対ロ・ビジネスは縮小の方向だ。競争力のランキングで２０２２年に北欧４国はベスト１０に入っていたが、２０２３年にフィンランドとノルウェーは１０位以内に残れなかった。

また、資本主義を考えるとき、小国が本当にモデルになり得るかは不透明な面もある。北欧諸国は人口規模がそれほど大きくなく、同質性が比較的高いため、信頼が築きやすい面もある。米国のように大きく多様な考えを持った国民の集合体では、そうしたコンセンサスは築きにくい。また、日本のように与党に裏金が蔓延していたり、年金制度がしょっちゅう変えられ給付額が減ったりするような状況では、社会的信頼は望むべくもない。

## 4　株主資本主義の果てに

### 進む大手寡占――独占資本が跋扈した19世紀資本主義への回帰？

すでに見てきたように、冷戦後、社会主義に勝利したと見られた資本主義は、株主資本主義がリードして世界に浸透し、経済の有り様を変えていくことになる。

株主資本主義が深まった米国では、経済に占める株式市場の重みが増していった。**国内総生産（GDP）に対する株式時価総額の割合は1980年代の50％以下から、最近は170％**にまで高まっている。

ほかの国では米国ほど極端な株式市場シフトは起きず、株式時価総額の対GDP比は60％程度のまま。その結果、米国市場の世界の株式市場に占めるシェアは、80年代後半の30％割れから、最近は50％前後まで回復している。米国の株式市場が世界の中心の地位をより確実なものにしつつある。

この過程で、米国の株式市場では、一部の大手企業のシェアが高まった、2024年に大手10

社の時価総額がS&P500の時価総額の30%以上に達しており、これは1980年以来の高い水準になっている。

その中身を見ると、米マイクロソフトとアップルがトップを競い、エヌビディア、アルファベット（グーグル）、アマゾンなどが続く。米国に本拠を置き、グローバル展開し、成功した企業である。

冷戦終結時点で世界の時価総額上位10位のうち6社は日本企業が占めていたが、今、上位10位に入っているのは、サウジアラビアのサウジアラムコ、台湾のTSMCを除いてすべて米国企業である。株主資本主義の勝者は、グローバル競争を制した米国の大手企業であり、そのおかげで米国の株式市場が隆盛を極めている。

ただ、米大手企業の勝ちぶりは、かなり極端なものである。マイクロソフトやアップルの時価総額は3兆ドルを超え、それぞれ米市場全体の株式時価総額の7%にものぼる。これは持続できなかった日本のバブル期にNTTの時価総額が日本の株式市場の6・9%を占めていたのを上回る集中度合いである。

資本主義はより強大な資本を持った者が勝つ弱肉強食の世界であり、その結果、ごく一握りの強者が勝ち残って勢いを誇っているのだ。しかも、彼らはその資金力にものを言わせ、ロビー活動などを通じて発言力を高めている。事業に邪魔な規制には、激しい緩和圧力が加わる。

振り返れば、19世紀の自由放任色が強い資本主義の時代は、資本家が絶大な権力を握り、労働者を搾取してきた歴史がある。それに対して労働者が団結し、権利を少しずつ勝ち取り、20世紀半ばに至って、ようやく労働者は経営者に対抗する力を獲得した。

しかし、グローバル化が資本主義の形を変えた。労働者が団結して勝ち取った枠組みは国家のなかで機能したが、企業がグローバル展開すると機能不全に陥る。

前述した通り労働組合は組織率が落ちて、団結して経営者と戦う力を失った。国内なら政府が企業を規制すればよかったが、グローバル展開されると規制は難しくなる。

その結果、労働者が顧みられず、規制も不透明なグローバルな世界で、巨大資本の大手企業が跋扈する、新しい弱肉強食の資本主義が現出しているのだ。

## 資本主義の勝者が民主主義を脅かす？

この大手企業が圧倒的に力を持つに至った現状について、技術の面から考察しているのが、米スタンフォード大学名誉教授のモルデカイ・クルツである。

2024年3月の論文「資本主義が民主主義の脅威となった経緯」のなかで、まず技術の持つ市場力について「技術競争の勝者は、定期的なテクノロジーの更新、競合他社の買収、特許による参入障壁の構築など、さまざまな戦略を通じて市場力を強化する。そのような状況では、潜在的な競争相手はトップ企業と競争するよりも協力することを好むようになる。それが続くと、1社または少数の技術的に優位な企業が各部門を独占する勝者総取り経済をもたらす」と分析している。

その例として、金メッキ時代（1870年－1914年）をあげ、驚異的な技術の進歩が見られたが、2000社を超えていた企業が157の巨大複合企業に合併され、米国経済のほぼすべての分野が強力な独占企業によって支配された過去を振り返っている。

そのうえで、1981年以降、同じようなメカニズムが働いて、今は第二の金メッキ時代になっているとの見方を示している。

現状に関してクルツは、「時間の経過とともに、テクノロジーの勝者がすべてを手に入れる経済は、大企業、そのトップマネージャー、主要株主によって特定される相互依存的な経済的および政治的権力の中心の集合体を生み出した。大企業、そして少数の超富裕層は、ロビー活動や選挙資金提供を通じて巨大な権力を行使する。彼らは、膨大な量の情報を入手し、私たちの購入を操作し、コミュニケーションチャネルを支配する。ＡＩを装備することで、私たちが受け取る情報の多くに対する彼らの支配はおそらくさらに強まるだろう」と述べ、経済的および政治的権力の集中を生み出す勝者総取り経済は民主主義を脅かすと警鐘を鳴らしている。

## いつか来た道――AI狂騒曲の問いかけるもの

資本主義の議論のなかで、今でも好まれるのがヨーゼフ・シュンペーターの理論である。ウィーン大学で博士号を取得した経済学者で、新たなビジネスを創造する企業による技術革新（イノベーション）が新たな価値を生み出し、社会を変えると主張した。イノベーションを起こした企業が成長し、生産性の低い産業にとって代わることを創造的破壊と呼んでいる。

振り返れば電子計算機や自動車などの技術革新が成長を支え、成長の限界がささやかれて以降もインターネットや原子力発電、遺伝子操作などのイノベーションが限界を打ち破る活力を生み出してきた。もちろん、イノベーションにかける企業努力が計画通りいくかどうかはわからない。また、イノベーションが予期せぬ副作用を伴うこともある。しかし、停滞を打ち破る創造的破壊への期待は、資本主義の成長を支える原動力になっている。

今、次の成長を主導するイノベーションと見られているのがＡＩ（人工知能）、なかんずく生成ＡＩである。

確かにそのポテンシャルは素晴らしい。一昔前なら、研究者が図書館で関連書物と格闘し、何日もかかったようなレポートを、あっという間に書き上げる。人が視覚を使って認識していた外部環境が、カメラでとらえた映像分析で認識され、それが自動運転の技術として実用化されようとしている。成長をもたらすために不可欠な生産性の向上に大きく役立つのは間違いなく、多くの企業がＡＩ利用にかじを切ろうとしている。

米スタンフォード大学人工知能研究所の報告書によると、２０２３年のＡＩに対する民間投資額はトップの米国が６７２億ドルにのぼり、2位の中国の７７億ドルを大きく上回っている。アルファベットやアップルなどの巨大技術企業による投資が牽引しているためで、それは株主資本主義によるさらなる成長を目指す原動力になっている。

ただ、ＡＩには副作用も伴う。

国際通貨基金（ＩＭＦ）の専務理事クリスタリナ・ゲオルギエヴァは、２０２４年5月に実施した講演で、ＡＩが雇用に与える影響について、「今後2年間で先進国の雇用6割、世界中の雇用の4割に影響を与える可能性がある。準備のための時間はあまり残っていない。うまく管理できれば生産性が大幅に向上する可能性もあるが、不平等がさらに拡大する恐れがある」と警鐘を鳴らしている。

先進国を中心に、ホワイトカラーの労働者はＡＩに置き換えられていく可能性が高い。それが意味するのは、労働者とＡＩの賃金を巡る競争であり、必然的に労働者の賃金に引き下げ圧力が加わる。ＡＩをうまく利用できる経営者は、企業の生産性を大きく向上できるので報酬は跳ね上がり、結果的に経営者と労働者の賃金格差がさらに開くことになる。

労働者を巡っては、企業がコスト削減を目指し、欧米ではオフショアリングの活用、日本では派遣労働の拡大などによって、労働者の賃金を抑制し、それによって利益水準が上がったため経営者の報酬が増え、格差が開いた経緯がある。

それに似たメカニズムが、ＡＩによって今度はホワイトカラー層で働こうとしているのだ。今後、ＡＩによって仕事を奪われる労働者が増えれば、景気後退期などには前例のない失業が発生する恐れがある。

懸念は、環境面にも及んでいる。生成ＡＩでは、電力利用が急増する。例えばチャットＧＰＴのクエリ（作成した問合せ条件を使って、帳票出力のための入力データを作ったり、取り出した入力データを使用して帳票を出力したりすること）は、これまでのグーグル検索の１０倍の電力を消費すると言われている。

ＡＩの利用をサポートするのがデータセンターで、各地で建設が進み、電力需要を押し上げる要因になっている。国際エネルギー機関（ＩＥＡ）によると、世界のデータセンター、ＡＩ、暗号資産の総電力消費量は、２０２２年の推定４６０テラワット時（ＴＷｈ）から、２０２６年には１０００ＴＷｈ以上に達する可能性がある。この需要は日本全体の電力消費量とほぼ同じである。温暖化防止のために化石燃料を使った発電などを抑える必要があるなかで、データセンターから発生する膨大な電力需要を再生可能エネルギーだけで賄える保証はない。国際エネルギー機関（ＩＥＡ）自体、「データセンターからのエネルギー消費の急増を緩和するには、最新の規制と効率などの技術的改善が不可欠だ」と指摘している。

ＡＩに伴いデータセンターが急増すると、水の利用量も増える。データセンターではＡＩを利用した情報の処理に伴い熱が発生するため、それを冷却する大量の水に加え、データセンター自体を動かすための発電に利用される水も必要になる。

それらを合計したデータセンターによる水の総消費量は２０１５年の一日あたり1億９４００万ガロンから、２０２２年には同2億９２００万ガロンまで増えた。さらに水市場情報会社のブルーフィールド・リサーチによると、2030年まで毎年5・5%ずつ増え続け、同4億5000万ガロンに達するという。

水が豊富な地域にデータセンターを設けるのはいいのかもしれないが、世界で4都市に1都市が水不足に陥っている。世界銀行は水に関連した農業、健康、収入などの損失で、一部の地域では2050年までに成長率が6%押し下げられる可能性があると推定している。

水資源は生活に欠かせない重要な資源だが、それが場所によってはAIやデータセンターに吸い取られる恐れがあるのだ。

株主資本主義の弊害を小さくしようと、インクルーシブ資本主義やグリーン資本主義への軌道修正の動きが強まっている。しかし、将来の成長分野と言われると、環境対応が遅れている国も、格差が開いている国も、AI開発やデータセンター建設に全力を挙げる。成長にかける情熱は、ネットゼロに向けて欠かせない環境対応の技術開発などに取り組む意欲とは比較にならないほど強い。

それは、ホワイトカラーの雇用を奪い、格差を一段と広げ、電力消費に伴う環境悪化に拍車をかけるなど、株主資本主義の弊害をさらに大きくするかもしれないが、そんなことはおかまいなしだ。それが利益を求める強欲が生み出す資本主義の魔力ではあるのだが、それを受け止める一般国民の忍耐力や地球環境は、その限界にどんどん近づいている。

## 5 日本は今「新しい資本主義」の挫折

### 消えた金融課税見直し

本書も終盤に近づいてきた。再び、視線を日本の資本主義に向けてみよう。一瞬だけ、日本で新しい資本主義への期待が高まったことがある。

「今こそ成長と分配の好循環による『新しい日本型の資本主義』を構築する時だ。中間層の拡大に向け、分配機能を強化し、所得を引き上げる、『令和版所得倍増』を目指す」

自民党の総裁選挙に出馬した岸田文雄は「出馬への思い」で、小泉政権以降進められてきた新自由主義的政策の弊害にも言及しながら、こう訴え対立候補を破り、2021年10月に首相に選ばれた。

焦点は金融所得課税の見直しで、岸田自身も成長と分配の好循環を実現するための分配政策の選択肢の一つとして挙げていた。

金融所得課税とは、株式譲渡益や配当金などの金融所得に課される税金で、税率は一律20・315％（所得税15％、住民税5％、現在は復興特別所得税0・315％が加算）だ。高額所得者の最高税率が55％（所得税45％、住民税10％）なのに比べて税率が低いため、実質的に金融所得が多い高額所得者に有利になっている。その影響で、所得が一億円を超えるあたりから、所得税負担率が低下する「一億円の壁」が問題になっている。

その見直し策として、所得税に比べた負担の軽さを改めるため一律20％の税率を引き上げたり、高額所得者ほど負担が重くなる累進課税方式を採用したりする案がある。実現すれば小泉政権以降広がってきた格差の解消に寄与し、資本主義の軌道修正を印象付ける象徴的な政策になるはずだった。

しかし、総裁に選ばれるや、水面下で証券界などから金融所得課税見直しに反対する圧力が強まり、首相としての所信表明演説に見直しは盛り込まれなかった。岸田の言い分は「分配政策としては、賃上げに向けた税制の強化など、まずやるべきことがたくさんある。分配政策の優先順位、これが重要だ」だったが、「新しい資本主義」への期待は一気にしぼんだ。

出だしからつまずいた分配政策で、岸田はその後も迷走する。2023年11月、所得税と住民税の減税を含む総合経済対策を打ち出した。2024年6月に所得税3万円、住民税1万円を減税するという内容である。

減税の裏付けとして「2022年度まで2年間で所得税・住民税で収入が増えた分（3・5兆円）

の還元だ」と強弁したが、国は1000兆円にのぼる国債発行残高を抱え、しかもプライマリーバランスも赤字である。

ない袖は振れないはずなのに、詭弁を弄して振ろうとしたのだ。経済政策における分配というのは、一歩間違えるとバラマキにつながりかねないのだが、11月の経済対策はルールを踏みにじるバラマキを地で行く内容だった。

実際、経済対策発表後ほどなく、IMFの対日4条協議のチームが日本に入り、2024年2月8日に調査結果と推奨事項をまとめている。4条協議というのは加盟国で経済不安や危機が生じないために実施している経済・金融情勢のモニタリングである。

そこには決定から3か月程度しかたっていないにもかかわらず、厳しい批判が盛り込まれていた。その内容は「よく的が絞られていなかった11月の財政刺激パッケージは妥当ではなかった。的が絞られていない所得税減税は、その時限的な性質や、日本の家計の消費性向が低いことを考慮すると、債務のダイナミクスを悪化させる一方で、成長に及ぼす影響は限定的と予想される」で、減税へのダメ出しである。

ダメ出しは減税にとどまらない。政府は、原油高対策として2022年初めからガソリン補助金、2023年から電気・都市ガス補助金を導入し、期限を何度も延長していた。これに対して「エネルギー補助金は、エネルギー消費をゆがめ、脱炭素化の取り組みを妨げ得るものであり、脆弱な世帯に的を絞った給付に置き換えられるべきだ」と指摘している。電気・ガスについては2024年6月で期限が切れたが、岸田はIMFの勧告に反して、8月から3か月間再開した。

その一方で、岸田が最初だけ取り組みを目指し、その後、手つかずのまま放置し続けた金融所得課税については、IMFが財政政策で選択肢として検討すべきであると指摘している。IMFからの、政策の方向性が違うとの警告のように見える。

振り返れば安倍政権のアベノミクスも発足当初は期待されたが、金融緩和以外は内容が伴わず、看板倒れに終わった。岸田政権は「新しい資本主義」と高邁な看板を掲げてみたが、バラマキ色が強い政策が多く、やはり看板倒れに終わっている。高い目標を掲げるのは悪いことではないし、どの国でもよくあることだが、日本のように約束と実際の中身が大きく乖離している状況が何度も続くと、国際的な信頼を失いかねない。

## 資本主義の変化を読めない「二匹目のドジョウ」の悲劇

資本主義が機能するかどうかのカギの一つを担っているのが、マネーをうまく活用できるかどうかだ。世界的に見て成功例の一つと見られるのは、日本型資本主義のもとで取り入れられた「マル優」と呼ばれる少額貯蓄非課税制度である。1963年に貯蓄の奨励を目的として導入され、一定の限度枠内で預貯金や国債などの利子を非課税とした。

国民は将来に備えて預金に励み、預けられた預金は銀行を介して企業に設備資金として貸し出され、それが高度成長を資金面から下支えした。国民は利子収入を得られ、銀行は預貸金利差で利益を確保でき、企業は設備投資で競争力を高めた。まさに「三方良し」の政策だった。

時を経て、アングロサクソン資本主義を目指すなかで、マル優の成功物語の再現を狙ったのがNISA（少額投資非課税制度）である。2014年に、株式や投資信託などへの投資から得られた運用益を一定の枠内で非課税とするこの制度を導入したのだ。平たく言えば「マル優」の証券版である。

ただ、NISAは期待したほどの効果は上がらなかった。「マル優」で誘導したのは元本が保証される預貯金だったのに対し、NISAが誘導しようとしたのは元本割れリスクのある株式や投資信託である。預貯金の過半を保有する高齢者の多くが、投機色が強いと考え動かなかった。

そこで新しい資本主義を標榜する岸田が打ち出したのが、NISAの拡充だった。2024年1月から、非課税期間を5年（つみたてNISAは20年）から無期限に伸ばし（恒久化）、非課税保有限度額を総額1800万円まで拡大した。ぶら下げる非課税枠というニンジンを太くして、マネーの流れを変えようとした。

実際、NISAの拡充が実施されると、非課税に魅力を感じた個人の資金が一部NISAに流れた。アベノミクスの影響で長期にわたり預金金利がほとんど得られない状況に追い込まれていた個人の、運用益への欲望を掻き立てたのだ。

しかし、資本主義の枠組みが変わり、二四目のドジョウは期待しにくくなっていた。

お金を投資に回すと、その目的がどうであれ、お金は運用益を求めて動き出す。その益を求める強欲こそが、アングロサクソン資本主義の源泉である。

そしてその原則に従ってＮＩＳＡのマネーが向かったのは、株式市場が好調な米国だった。財務省によると、２０２４年1月から6月までの投資信託委託会社による海外株式・債券投資の合計は6兆円にも上り、２３年1年間の実績を上回ったことから、ＮＩＳＡ拡充後、資金の海外投資が加速したと言える。


これでは、マル優のような三方良しは期待できない。良しなのは、確実に手数料収入が増える銀行や証券会社である。もう一つの良しは、投資先の米国だろう。預金を株式・投信に振り向けた国民は目先投資のリターンが得られるため、一時的に良しかもしれないが、国内で投資が促されないため、中長期的には国内産業不振の影響が降りかかる恐れがある。


日本型資本主義のマネーの主たる仲介者は銀行で、そのお金は当局による監督で恣意的に国内に振り向けることも可能だった。しかし、バブル崩壊後日本が選択したアングロサクソン資本主義は当局の介入を嫌う、市場重視の世界である。

今の世界の資本市場の時価総額の半分強は米国市場であり、マネーは米国に流れやすい。そうした環境下でのＮＩＳＡは日本の預金者のマネーを米国に流しやすくする、いわば「米産業推進型」または「日本産業空洞化推進型」の仕組みであり、政府・金融庁が税制優遇でその旗振り役を務める異様な光景になっている。

市場が繁栄をもたらすというのは、産業と資本市場がしっかりしている国での話で、それは失われた３０年の日本には当てはまらなかった。昔の成功物語にすがるだけで、マネーを成長につなげる周到なプランを描く能力がなかったとも言える。二匹目のドジョウは無理筋だったということだろう。

## 危機対応に頼るのをやめて、正直に

今まず必要なのは、経済政策の正常化である。

資本主義でも、社会主義でも、経済危機に陥ると金融や財政政策が総動員され、危機脱却が図られる。古くは大恐慌後のニューディール政策であり、近年ではリーマンショック対策としての量的金融緩和、米国再生再投資などがある。危機が深まれば経済が破綻しかねないのだから、対応が「何でもあり」になることも正当化されてきた。

日本でも、この「何でもあり」の対策が取られたことがある。

１９９０年代後半の金融危機に対し、公的資金が投入されたり、ゼロ金利政策が導入されたりした。第二次安倍政権の初期に実施された日銀が国債を大量に買い入れる異次元金融緩和もその例だろう。時限措置として実施されていれば、正しい政策選択だったと言える。

ところが、この「何でもあり」の政策は、経済が破綻しかねないほどの厳しい危機が去ったあとも、経済の痛みを顕在化させない便利な手段として、恒常化していった。金利が超低水準に据え置かれるため、金利負担が軽減され、淘汰されるべき企業がゾンビ企業として存続し続けた。日銀が大量に国債を買い入れるため、財政健全化に向けた無駄な政策の大胆な見直しも先送りされてきた。

2018年12月に政府は、12年12月から景気回復の長さが、高度成長期の「いざなぎ景気」を超え、戦後2番目になったと表明した。本来、危機を脱すれば、政策も正常化が求められるが、いざなぎ越えでも「何でもあり」の危機対策が続けられた。


この状況は岸田政権になって、より極端になる。ロシアのウクライナ侵攻を受けてエネルギー価格が高騰した影響で、日本の消費者物価上昇率（生鮮食品を除く総合ベース、暦年）は2022年に政府・日銀が目標とする2％を超え、23年には3％を超えた。

本来、金利を上げてインフレを抑えなければならない状況だが、岸田政権は物価高対策が重要だとしてエネルギー補助金の復活を打ち出す一方で、日銀は「デフレ完全脱却が課題」とする岸田に配慮してか、ゼロ金利政策を続けた。

財政の物価高（インフレ）対策と、デフレ対策としてのゼロ金利が共存する状況は、国際的な経済常識からはかけ離れている。IMFは日本に対し、量的・質的金融緩和を終わらせ、その後、3年間にわたって政策金利を段階的に引き上げるべきだと政策変更を求めたほどだ。

危機対応に守られたぬるま湯経済は心地いいのだろう。正常化しようとすると倒産が増えるなど痛みが伴う。しかし、そのツケを日銀の量的緩和に回し続けると、市場のゆがみが大きくなりすぎたり、日銀の信用が持たなくなったりする。

実際、日銀が２０２４年７月末に量的緩和とゼロ金利の解除を決めた影響もあって、８月５日には日経平均株価が前週末比４４５１円２８銭安の、ブラックマンデー翌日を超える過去最大の下げ幅となった。危機対応モードを機動的に正常化していく必要な調整を長期にわたって怠り続けると、歪みが大きくなりすぎ、それが市場によって暴力的に調整される典型的な例となった。

量的緩和で経済の実体悪を覆い隠すのではなく、悪いものは悪いもので受け入れ、痛みを甘受するしか正常化への道は開けない。借りたら金利を払う、借りたものは返すという、当たり前の経済に戻さなければならない。

危機対応から脱し、正直な経済運営の軌道にのせることがまず必要だ。

## どういう日本にしたいのか明確に

バブル崩壊以降、アングロサクソン資本主義の手法で成長を模索したが、失われた３０年の軌道を抜け出す将来は展望できない。その間に、高齢化に対応する社会保障費が膨らみ続けたのに加え、国土強靭化、コロナ対策、防衛力強化、少子化対策、ウクライナ支援などにふんだんに予算が振り向けられた。

アングロサクソン資本主義のベースは小さな政府を目指すことだが、その点がないがしろにされた。国の債務は増えたが、日銀がゼロ金利を続けたため、債務膨張のリスクは軽視された。ＩＭＦは「現在の政策の下では、公的債務対ＧＤＰ比は、高齢化に伴う歳出圧力に対応するために、長期的に着実に上昇する」と見ている。

政治はポピュリズム色を強め、現金給付のような政策が増えているが、財政状況と日銀の金融政策の正常化の必要性を踏まえると、バラマキは限界にきている。そろそろ、日本は将来、どういう社会を目指すのかのコンセンサスをさぐり、それに向けた政策の取捨選択に真剣に取り組む時期に来ている。それはとりもなおさず、日本がとってきた資本主義の在り方を見直すことを意味する。

今の延長で、成長を重視したいのなら、アングロサクソン資本主義の手直しが欠かせない。強欲が腐敗ではなく成長につながるように、利益相反の防止を徹底するなど、もっと公平な仕組み作りが必要だ。

例えば岸田は首相になっても証券市場育成等議員連盟の会長はやめないまま、証券界の悲願だったＮＩＳＡ拡充を打ち出した。法律に違反しているわけではないのかもしれないが、利益相反の観点からは望ましくないとの指摘は根強い。

金利が上がってくれれば、企業の新陳代謝も進めることになる。それは生産性向上の観点から必要だが、そこにいる従業員を野垂れ死にさせるわけにはいかない。セーフティネットの強化や、転職支援などは欠かせない。

成長をもっと重視するなら、移民受け入れを大幅に増やす必要が生じる。人手が足りなくなったから、外国人技能実習生をずるずる増やせばいいといった対応では限界もある。入れる以上は国際的な人権の基準を満たすレベルでの対応が欠かせない。

受け入れ増に反対する人を取材すると、反対の理由として治安が悪化することをあげる人が多い。しかし、世界を見ると、カタールやUAE、クェートなどは移民が現地住民を上回るが、治安は日本より良好だ。

日本人の職が奪われるとの反対もあるが、移民の多いスイスはスイス人優先政策のもと、まずスイス人の雇用を募集し、いない場合に移民を雇うことを義務付けていた。

要は雇用や治安への悪影響を回避できる制度設計ができるかどうかの行政能力の問題である。

一方、成長よりも福祉により重きを置く道もある。アングロサクソン資本主義の副作用への対応を今より大幅に手厚くして、北欧型福祉資本主義を目指すことになる。

その場合、負担を大幅に増やす必要が出てくる。政治の世界には、社会保障はより手厚く、消費税率はより低くといった議論もあるが、それでは財政は持たない。医療費を無料にするなどの高福祉を求めるなら、北欧並みの20%台の消費税率を受け入れる国民の覚悟が問われることになる。

緩やかな衰退を受け入れるというのなら、それも一つの道だろう。

その場合は、世界第二の経済大国だったころの一流国意識は早く捨てるべきだ。日本は海外ではお金持ちの大国ぶってウクライナ支援などに大盤振る舞いしてきた。ウクライナ支援は必要だが、財政悪化が深刻で、国内の貧困が広がるなかで、それに見合った規模かどうかなどは徹底的な検証が求められる。

一刻も早い移動の実現を目指して全国に新幹線網を広げたり、リニアモーターカーの商業運転拡大を目指したりする余裕はなくなる。深夜に多くのコンビニが営業したり、荷物の配送時間まで指定できたりする便利さはあきらめないといけないかもしれない。

それは別に後退とは限らない。スイスに住んでいたころ、中心街でも夜8時を過ぎるとひっそりとしていた。日本で一時はやった夜間経済を活性化し成長を目指そうといった価値観とは無縁だが、それでもスイスはいまだに競争力で世界一を争っている。

生活の便利さを向上させることは大切だが、日本はそのためにあまりに多くの資源を投入しすぎたのではないか。少し我慢して、緩やかな衰退を受け入れ、結果的に、持続化可能性を高めるのも悪くないかもしれない。

そして忘れてはならないのは、資本主義の在り方が先にあって、それに合わせて国民を動かそうとする発想からの転換だ。

まずその地の文化に根差した国民生活があり、それをベースにした身の丈に合った規律の伴う成長を目指さなければ、幸福感や満足感が伴わない。

米国の経済が優れているのは事実だが、それを取り入れれば日本も発展するという単純なものではない。日本には独自の価値観、慣行、文化があり、それを踏まえて日本に取り入れることが可能なものを、慎重に取り入れていく姿勢が欠かせない。

## 新しい日本型資本主義の模索――犠牲を伴う強欲は是正を

２０２４年7月から、新たに発行される一万円札の肖像が福沢諭吉から、渋沢栄一に代わった。第一国立銀行、日本鉄道会社、東京証券取引所、大阪紡績会社など数多くの企業、経済団体の設立に関わり、「日本資本主義の父」と言われている。

講演集をまとめた『論語と算盤』が表すのは、利益と倫理の両立である。渋沢は、公益を追求するために出資を募り、人材を集めて事業を進め、そこで得られた利益を分配する仕組みを「合本主義」と呼んでいた。

渋沢らの努力で日本に導入された資本主義は、明治時代の富国強兵、戦後の高度経済成長などを支える、バックボーンとなる。

しかし、実際には日本の資本主義は渋沢が目指した姿とは異なる、影の部分がつきまとった。

資本主義の発展期の女性労働者の状況を描いた『女工哀史』(改造社、１９２５年)という本がある。著者の細井和喜蔵が自らの職工経験や妻の寄宿舎生活の体験をもとに、大正末期の紡績業における女工の労働環境などを詳細に記録している。

工場主は福利施設の整備を謳い文句に女工を募るが、実際、入ってみると寄宿舎生活は自由が大幅に制限され、労働時間は深夜に及ぶ過酷なものだったことが赤裸々に描かれている。

そこにあるのは、「論語と算盤」の精神ではなく、算盤を枕にして寝るような工場主が、弱い立場の女工を搾取する構図に他ならない。そうした悪習はその後改善されたと期待したいが、女性の賃金水準はいまだに男性の75％程度にとどまっている。


深夜に及ぶ長時間労働を事実上強制するような慣行は、対象を広げながら戦後も続いていた。

高度成長期の初期には東北や九州の中学卒業者が大都市圏近くの工業地帯に労働力として集団就職している。将来を担う「金の卵」ともてはやされたが、仕事は単純労働が大半で、低賃金で文句も言わず働いてくれる雇用主にとっての金づるだった。

進学率が上がり集団就職が減ると、高校卒、大学卒の従業員が企業戦士といったような呼ばれ方をされ、企業のための滅私奉公的な働き方が期待された。サービス残業を美徳とするような風潮が蔓延し、銀行でも支店でその日の資金の出入りが一円でも合わないと、合うまで支店行員全員が深夜まで残るといった光景が見られた。


90年代になると、企業は外国人技能実習生を使うようになる。外国人技能実習生というのは、1993年に設けられた、国際貢献を目的に、外国人が技能習得のため在留資格を得て実習することができる仕組みである。人手不足に悩む産業で労働力を確保するため活用されたが、実習生は転職が禁止される弱い立場に立たされ、低賃金、長時間労働など劣悪な労働環境にさらされた。

これについては国連の人権理事会が問題視し、技能実習生を含む外国人労働者や移住労働者の労働条件を改善するよう日本に求めている。政府は悪評が定着した技能実習制度を育成就労制度に衣替えするが、同一機関での就労が1年を超えるまでは本人意向による転籍が認められない。賃金なども含め、どの程度労働者の権利が守られるのか不透明だ。

ブラック企業という用語がある。かつて企業舎弟など反社会的勢力がかかわる企業を指したが、近年では従業員に長時間労働やサービス残業を強制する企業を指す。厚生労働省はブラック企業の一般的な特徴として、①労働者に対し極端な長時間労働やノルマを課す　②賃金不払残業やパワーハラスメントが横行するなど企業全体のコンプライアンス意識が低い　③そのような状況下で労働者に対し過度の選別を行う——などを挙げている。

そのうえで、このような企業に就職してしまった場合、第一義的には会社に対して問題点の改善を求めていくことが考えられるが、新入社員が単独で改善を求めて交渉するのは現実的には難しいため、外部の関係機関や労働組合に相談することを勧めている。

もちろん労働者を大切にしたうえで高い利益をあげている企業も数多くあるのだが、厚労省が対応に言及せざるを得ないほどブラック企業が一般化しているということかもしれない。日本の賃金水準はアングロサクソン資本主義を取り入れた1990年代からほとんど上がらず、企業セクターが500兆円を超える内部留保を抱えているにもかかわらず、世界的に見ても先進国では下位に甘んじている。資本主義の初期から、弱い立場の労働者を安い賃金でこき使い利益をあげようとしてきた企業経営者の意識は簡単には変わらない。

歴史が示しているのは企業には、労働者にとっていい企業もあれば、悪い企業もあるということである。企業に入社すると、その企業の考え方に染められ、それが当たり前のように考えがちだ。会社が利益をあげることは必要で、労働者はそれに協力すべきではある。しかし、労働条件や待遇などをよく見て、利益最優先で、労働者が搾取されていないかどうかはよく考える必要がある。そしてひどいと思ったなら声をあげるべきだろう。

日本人は忍耐強いのか、ひどい仕打ちに耐えてきたが、それが改善を阻んできた面がある。成長のために強欲は必要かもしれないが、犠牲者を伴う強欲は是正されなければならない。

資本主義は株主や経営者のほうだけを向くのでなく、もっと労働者のほうを向いた民主的な姿が望ましい。その実現のためには、私たちの意識が資本主義の発展を支えるカギを握っていることを自覚する必要がある。

私たちは、給料をお札でもらうことは少なくなったが、ATMからそれを引き出すとき、目にする渋沢の肖像を見て、自分が置かれている状況が正しい資本主義の姿かどうかを考えるきっかけにしたいものだ。

## 経済大国から脱落の危機

政府が手を替え品を替え繰り出す政策は、根本的な変化をもたらさず、成長にもつながらなかったが、旧来の制度内の既得権益者を安心させるとともに、国民に働いている感を示す程度の効果はあるかもしれない。

政治的には、内容はともかく計画づくりをすれば、それが大手メディアによってプラスの部分を中心に報道されるため、政権の支持率アップにつながりやすい。テレビなどでは、依然「日本はこんなにすごい」とか、「インバウンドはまだまだ伸びる」といった、明るいトーンの報道であふれている。日本人としては、そのほうが心地よいし、まだ何とかなるだろうとの楽観論もあるのかもしれない。

しかし、日本の先行きに関する海外の目は厳しい。米投資銀行、ゴールドマン・サックスが2022年末にまとめた「2075年への道　世界の成長鈍化も収れんは続く」と題するリポートがある。2000年代初めにBRICSの時代を予測し、世界的に大きな影響を与えたと言われる報告の続編とも言えるものである。

それによると、日本の2020年から79年まで10年ごとの成長をみると、日本はどの10年間をとっても年平均成長率は1%に満たず、2075年のGDPは7・5兆ドルである。

GDPの順位はリポートがまとまった22年には米中に次ぐ3位だったが、23年にはドイツに抜かれ4位になった。今後、インド、インドネシア、ナイジェリア、パキスタン、エジプト、ブラジル、英国、メキシコにも抜かれ、75年には12位にまで後退すると予測している。

日本の場合、人口が減っていくためやむを得ないとの見方があるが、低迷は人口要因だけではない。一人当たりGDPで比べてみると、2020年から2075年のあいだに、イタリアのほか、韓国、サウジアラビアに抜かれる。

2075年のGDP世界一は中国（57兆ドル）で、インド（52･5兆ドル）、米国（51･5兆ドル）が続く。日本の7倍程度の規模の3大国が競う世界であり、もはや日本は経済大国ではなくなる。昨今、日本の経済低迷は「失われた30年」といわれるが、ゴールドマンの予測通りだと「失われた80年」になりかねない。

歴史を振り返ると、悪い先例がある。19世紀末に南米のアルゼンチンは、ドイツと並ぶ次世紀の大国になると見られていた。しかし、産業構造の転換（農業→工業）に失敗する一方、ポピュリスト政権による放漫財政で累積債務が積み上がり、通貨暴落、国債の債務不履行が繰り返され、現在に至っている。

日本も20世紀後半には次世紀の大国ともてはやされたが、産業構造の転換（工業→情報）に失敗する一方、バラマキ色の強い政策が続けられ、すでに公的部門の債務のGDPに対する比率はダントツで世界一である。国債の半分は中央銀行が抱え、不気味な円の下落が起きている。今のように経済政策の正常化に真剣に取り組まないまま「失われた80年」が視野に入ってくれば、アルゼンチンの二の舞になるだろう。

50年後なんかどうなるかわからない、まだ時間がある、と開き直るのは勝手だが、経済社会は一夜にして変わるものではなく、何十年もの年月を経て変わるものだ。

今、米国でITなどテクノロジー分野が隆盛を極めている背景には、1990年代前半のインターネットの普及策がある。米政府はスーパーハイウェイ構想で通信網を築き、大学はIT分野の人材育成に力を入れ、それが四半世紀を経て花開いた。

成長に向けた地道な取り組みが必要で、それには相応の時間がかかることを考えると、日本に残された時間はそう長くない。失われた80年のリスクを座視するのではなく、それを避けるための長期的な戦略を真剣に考えるべき時に来ている。

# おわりに

２０２４年は世界の８０近い国で選挙が実施される選挙の当たり年で、欧米では弊害が目立つ資本主義の在り方が問われた。

株主資本主義のもとで格差が開き、貧しいまま放置されてきた労働者などによる資本主義の修正圧力がかつてなく強まり、政治を大きく動かした。

１１月に大統領選挙が行われた米国では元大統領のトランプが勝利した。

株主資本主義のもとで、米企業は生産拠点を低賃金の途上国に移すことで収益性を高め、偉大な地位を築いた。一方、労働者はリストラされ、流入する移民と職を奪い合う不安定な立場に追いやられ、偉大ではなくなった。

「米国を再び偉大に」というトランプの訴えは「米労働者を再び偉大に」を含蓄する、株主資本主義の修正を目指す動きであり、それが２０１６年に次いで再びトランプ勝利の原動力になったことは、労働者を犠牲にする株主資本主義の副作用の強さの証左でもある。

英国では7月の総選挙で、市場経済重視、規制緩和推進の旗を振ってきた保守党が大敗し、労働者や低所得者などに支えられた労働党が14年ぶりに政権を奪還した。

保守党政権では、22年にサッチャーの信奉者である首相のリズ・トラスが法人税減税を計画したが、財政的な裏付けが伴わず、市場はポンド、株価、英国債のトリプル安に見舞われ、英国史上最短の49日で辞任に追い込まれたいきさつがある。

後を継いだリシ・スナクが失地回復を図ったが、物価高に加え、移民の増加による雇用機会の喪失などによって不満を強めた労働者層が、保守党に見切りをつけた。労働党の勝利はアングロサクソン資本主義の源流であるサッチャー流新自由主義に国民がイエローカードを突き付けた結果と見ることができる。

フランスでは7月に総選挙が実施され、与党連合が失速した。大統領のマクロンは前の大統領のオランドが進めた富裕層への課税強化など社会主義色の強い路線を、新自由主義的な政策に切り替えてきた。

そこに物価高が襲いかかったため低賃金の労働者層が不満を強め、共産党、社会党や環境政党で構成し、マクロン改革の転覆を目指す極左の「新人民戦線」が最大勢力となり、移民批判を強める極右の「国民連合」も勢力を伸ばした。

結局、マクロンは共和右派の協力を取り付け首相のミシェル・バルニエが率いる中道右派連合が政権運営に当たるが、過半数の議席に届かないため、政権運営には国民連合などの支援を取り付ける必要がある不安定なものとなる。

欧米の選挙結果で明らかになったのは、資本主義の暴走で追い詰められた労働者が反攻に転じ、株主資本主義などを進めてきた政治勢力を追い詰めつつある姿である。

2010年代から格差の拡大は問題視されていたが、全体の経済成長は維持され、物価も低位で安定していたため、それが世界で政治を動かす大きなうねりにまではならなかった。

しかし、ロシアのウクライナ侵攻を受けて世界的に物価が高騰し、労働者の実質賃金に下落圧力がかかったため、生活の圧迫感、貧困感が急速に強まった。そうした状況が労働者を動かし、反株主資本主義、反新自由主義の大きなうねりを生み出した。

しかも、ウクライナを巡り深まった欧米と中ロの分断が続くと、資源が円滑に世界に流れず、物価に上昇圧力がかかり続ける恐れが強まる。株主資本主義の副作用を見て見ぬふりをできた低物価環境が再来する姿は予想しにくい。

24年に相次いだ政権交代は、労働者が厳しくなる時代に合わせた資本主義の見直しを迫る政変であり、ステークホルダー資本主義やインクルーシブ資本主義などの新しい資本主義を目指す議論を実際の政策に本格的に取り込む政治プロセスの始まりを意味するのかもしれない。

欧米とりわけ、米国を真似た資本主義の転換を試みた日本では、欧米に劣らないほど、その副作用が顕在化している。モデルの英米で修正を目指す動きが強まっているのに、日本では路線修正への熱量は低い。

10月に実施された総選挙では、最大の争点はいわゆる裏金問題だった。各党は公約として減税や給付金支給、基礎控除の引き上げなど経済課題も掲げたが、多くは財源を示さないバラマキ色が強いもので、議論は深まらなかった。欧米がこれまでの資本主義の弊害を踏まえ、その方向性を真剣に議論しているのに、日本はその手前で右往左往しているように見えるのは残念ではある。

とはいえ結果的に裏金に対する国民の批判の強さが予想を大きく上回り、自民党、公明党による連立与党は過半数を維持できなかった。裏金に厳しい国民の審判を受けて政治がよりクリーンなものになれば、成長を妨げてきた縁故資本主義とは決別できる可能性はある。周回遅れかもしれないが、資本主義の見直しに向けた環境が整備され、その後、国民の立場に立った新しい日本型資本主義の在り方が模索されることを期待したい。

太田康夫

2024年　仲秋

# 参考文献


## はじめに

Testimony of Chairman Alan Greenspan
Before the Committee on Banking, Housing, and Urban Affairs, U.S. Senate
16 July 2002

## 第1章

Agrarian Class Structure and Economic Development in Pre-Industrial Europe
Robert Brenner, 1976
Oxford University Press

The Development of Agrarian Capitalism: Land and Labour in Norfolk 1440-1580
Jane Whittle, May 2000
Oxford University Press

THE ORIGIN OF CAPITALISM
ELLEN MEIKSINS WOOD, 1999
Monthly Review Press

Der moderne Kapitalismus
Werner Sombart, 1902

Réflexions sur la formation et la distribution des richesses
Anne-Robert-Jacques Turgot, 1770
（チュルゴ経済学著作集、１９６２年　一橋大学経済研究叢書）

An Inquiry into the Nature and Causes of the Wealth of Nations
Adam Smith, 1776
（国富論、アダム・スミス、岩波文庫）

The General Theory of Employment, Interest and Money
John Maynard Keynes, 1936
（雇用、利子および貨幣の一般理論、ジョン・メイナード・ケインズ、岩波文庫）

L'Industrie
Saint-Simon, 1817

Individualism and Socialism
Pierre Leroux, 1834

Das Kapital. Kritik der politischen Ökonomie
Karl Marx, 1867

Manifest der Kommunistischen Partei
Karl Marx and Friedrich Engels, 1848

Learning in and from Eastern Europe
Henry Mintzberg, May 1991

Entrepreneurial Leadership for Future Europe
Carlos Ferrer, May 1992

1992 Annual Meeting Davos Highlights & Summary of the Programme
World Economic Forum, March 1992

資本主義対資本主義
ミシェル　アルベール、１９９６年１０月、竹内書店新社
（Capitalisme contre Capitalisme

Michel Albert, Septembre 1991 Seuil)

社会主義小史
G. リヒトハイム、１９７９年6月、みすず書房
(A Short History of Socialism
George Lichtheim, 1970 Praeger Publishers Inc)

Die Grundlagen der Nationalökonomie
Walter Eucken, 1939
(国民経済学の基礎、W・オイケン、勁草書房)

The Political Origins of Inequality: Why a More Equal World Is Better for Us All.
Simon Reid Henry, 2015
University of Chicago Press

The 1990's financial crises in Nordic countries
Honkapohja Seppo, 2009
Bank of Finland

邓小平南巡讲话（全文）、１９９２年

## 第2章

メインバンク資本主義の危機　ビッグバンで変わる日本型経営
ポール・シェアード、１９９７年7月３１日、東洋経済新報社

THE DANGER FROM JAPAN
Theodore H. White, 28 July 1985
New York Times Magazine

MITI AND THE JAPANESE MIRACLE CHALMERS JOHNSON, 1982
Stanford University Press, Stanford, California

Containing Japan

James Fallows, May 1989 The Atlantic

JAPAN'S ECONOMIC CHALLENGE
STUDY PAPERS SUBMITTED TO THE JOINT ECONOMIC COMMITTEE CONGRESS OF THE UNITED STATES,
October 1990

Capitalism in Japan: Cartels and Keiretsu
Robert L. Cutts, 1992
Harvard Business Review

日米首脳会議後のクリントン大統領・宮澤総理プレス・リマークス
１９９３年 ４月１６日

日米の新たなパートナーシップのための枠組みに関する共同声明
１９９３年７月１０日

Submission by the Government of the United States to the Government of Japan Regarding Deregulation and Administrative Reform in Japan
November 15, 1994
（日本における規制緩和、行政改革及び競争政策に関する日本政府に対する米国政府の要望書
１９９４年１１月１５日）
（以降、１９９９年まで毎年提出）

規制撤廃および競争政策に関する日米韓の強化されたイニシアティブに基づく日本政府への米国政府要望書
２０００年１０月１２日
（以降、２００８年まで毎年提出）

行政改革会議　最終報告
１９９７年１２月３日

日本国政府及びアメリカ合衆国政府による金融サービスに関する措置
栗山尚一　ロバート・Ｅ・ルービン
１９９５年２月１３日

参議院決算委員会（第百二十五回国会閉会後）会議録第一号
小泉純一郎答弁、１９９３年１月２１日

Voodoo Abenomics: Japan's Failed Comeback Plan
Katz, Richard
Foreign Affairs Jul/Aug 2014

Mercer CFA Institute Global Pension Index 2023
October 2023

日本化におびえる世界 ポストコロナの経済の罠
太田康夫、２０２１年2月
日本経済新聞出版

## 第3章

Statement on Corporate Governance
The Business Roundtable
September 1997

A Friedman doctrine – The Social Responsibility of Business Is to Increase Its Profits –
Milton Friedman, 13Sept 1970
The New York Times

２１世紀の資本
トマ・ピケティ、２０１４年１２月、みすず書房
(Le Capital au XXIe siècle
Thomas Piketty, August 2013)

Banking on Climate Chaos
Fossil Fuel Finance Report 2021
Rainforest Action Network, Banktrack etc

コーヒー、カカオ、コメ、綿花、コショウの暗黒物語　生産者を死に追いやるグローバル経済
ジャン＝ピエール・ボリス、２００５年、作品社
(Commerce Inequitable

Le roman noir des matières premieres, 2005)

Report of the World Commission on Environment and Development:　Our Common Future
Gro Harlem Brundtland, 20 March 1987

Transforming our world: the 2030 Agenda for Sustainable Development
UNITED NATIONS, 21 October 2015

THE　FINANCIAL　CRISIS　INQUIRY REPORT
the National Commission　on the Causes of the Financial and　Economic Crisis in the United States,
25 February 2011

私たちは〝９９％〟だ　ドキュメント　ウオール街を占拠せよ
「オキュパイ　ガゼット」編集部編、２０１２年、岩波書店
(OCCUPY　Scenes from Occupied America
2011 Verso Books)

## 第４章

The Rebirth of Stakeholder Capitalism?
Robert Reich, 2014

Our Credo
Robert Wood Johnson, 1943 Johnson & Johnson

Letter to CEO A Sence of Purpose
Larry Fink, 12 January 2018 BlackRock

STATEMENT ON THE PURPOSE OF A CORPORATION
Business Roundtable, 2019

Davos Manifesto 1973：A Code of Ethics for Business Leaders
World Economic Forum, 1973

Davos Manifesto 2020：The Universal Purpose of a Company in the Fourth Industrial Revolution
World Economic Forum, 2019

Stakeholder Capitalism：Theft, Path to Central Planning, or Both?
Jeremy Kidd and George Mocsary, 12 May 2023 the Heritage Foundation

What is Pro-poor Growth?
Nanak Kakwani and Ernesto M. Pernia, 2000 Asian Development Bank

Towards a More Inclusive Capitalism
The Henry Jackson Initiative for Inclusive Capitalism, 2012 Henry Jackson Initiative

Inclusive capitalism – creating a sense of the systemic
Mark Carney, 27 May 2014 the Bank of England

Economic Inclusion and Financial Integrity
Christine Lagarde, 27 May 2014 IMF

Restoring Capitalism's Good Name
LYNN FORESTER DE ROTHSCHILD 1December 2016 TIME

His Holiness Pope Francis Addresses Time Inc.'s 2016 Fortune/Time Global Forum at the Vatican
3 December 2016

ADDRESS OF HIS HOLINESS POPE FRANCIS
TO THE MEMBERS OF THE COUNCIL FOR INCLUSIVE CAPITALISM
11 November 2019

The Council for Inclusive Capitalism With The Vatican, a New Alliance of Global Business Leaders, Launches
The Council for Inclusive Capitalism
8December 2020

沈黙の春
レイチェル・カーソン、１９６４、新潮社
(Silent Spring
Rachel Louise Carson, 1962)

The Limits to Growth
Donella H. Meadows, Dennis L. Meadows, Jørgen Randers, William Behrens III, 1972
A Potomac Associates Book

Rethinking the Economic Recovery : A Global Green New Deal
Edward B. Barbier, April 2009, UNEP

The European Green Deal
European Commission, 2019

Natural Capitalism
Paul Hawken, Mother Jones, March/April 1997 Issue

サステナブル・ファイナンス　カーボンゼロ時代の新しい金融
太田康夫、２０２１年１０月、日本経済新聞出版

Pour une société de décroissance
Serge Latouche, Novembre 2003 Le Monde diplomatique

Grundzüge einer Postwachstumsökonomie
Niko Paech, 2009

Prosperity without growth?　The transition to a sustainable economy
Tim Jackson, March 2009 Sustainable Development Commission

SPECIAL REPORT: GLOBAL WARMING OF 1.5°C Summary for Policymakers
October 2018 IPCC（The Intergovernmental Panel on Climate Change)

**第5章**

Repurposing the peace dividend
Maria Demertzis, 26 April 2022 Bruegel

Is the Peace Dividend Over?
Kenneth Rogoff, march 2022 project-syndicate

The End of Globalisation as We Know It
Ferdi De Ville, March 2022 Ghent Institute for International and European Studies

中国の腐敗撲滅運動が世界にもたらす意義
人民網日本語版、２０１５年１月２０日

Speech by Vladimir Putin
Plenary session of the Russian Union of Industrialists and Entrepreneurs
25 April 2024

The Nordic Exceptionalism: What Explains Why the Nordic Countries Are Constantly Among the Happiest in the World
Frank Martela, Bent Greve, Bo Rothstein and Juho Saari, March 2020 World Happiness Report 2020

World Happiness Report 2024
JohnF. Helliwell, Richard Layard′ Jeffrey Sachs, Jan Emmanuel De Neve′ Lala B.Aknin, and Shun Wang, 2024
University of Oxford：Wellbeing Research Centre

IMD World Competitiveness Booklet
2024
IMD – International Institute for Management Development
June 2024

WHY THE WORLD NEEDS THE NORDICS MORE THAN EVER
Jeffrey D. Sachs, 18 November 2015 global-health-minders

My Remarks at the 2023 Democracy Forum
Barack Obama, 4 Nov. 2023

The Concentration Conundrum
What to do about market dominance
Peter Oppenheimer, Guillaume Jaisson, Sharon Bell, Marcus von Scheele and Lilia Peytavin
11 March 2024 Goldman Sachs

AI Will Transform the Global Economy. Let's Make Sure It Benefits Humanity
Kristalina Georgieva, 14 January 2024 IMF

Artificial intelligence hitting labour forces like a "tsunami" - IMF Chief
Reuters, 14 May 2024

Electricity 2024 Analysis and forecast to 2026 International Energy Agency, January 2024

AI Datacenters
Deep Dive into Power, Cooling, Electric Grid and ESG implications
William Yang etc. , 21 May 2024 J.P. Morgan

Behind the Data : Unveiling the Water Footprint of Artificial Intelligence
Amber Walsh, 11 Nov. 2023 Bluefield Research

How Capitalism Became a Threat to Democracy
MORDECAI KURZ, 15 Mar. 2024

出馬（自民党総裁選）への想い
岸田文雄、２０２１年９月

Japan: Staff Concluding Statement of the 2024 Article IV Mission
8 February 2024 IMF

The Path to 2075 — Slower Global Growth, But Convergence Remains Intact
Kevin Daly and Tadas Gedminas
6 December 2022 Goldman Sachs

論語と算盤
渋沢栄一、１９１６年、東亜道書房

女工哀史
細井和喜蔵、１９２５年、改造社

**太田康夫**（おおた やすお）

ジャーナリスト。1959年京都生まれ、82年東京大学卒、日本経済新聞社入社。スイス駐在などを経て、2024年7月まで同社編集委員。主に内外のマクロ経済、金融経済政策、金融制度、銀行経営を取材している。著書に『スーパーリッチ』（ちくま新書）、『サステナブル・ファイナンス』、『日本化におびえる世界』、『日本銀行失策の本質』、『誰も知らない金融危機　LIBOR消滅』、『金融失策20年の真実』、『ギガマネー　巨大資金の闇』、『バーゼル敗戦』、『地価融解』、『グローバル金融攻防三十年（中国語『全球金融攻防30年』経済科学出版社)』、監修に『中国の金融システム』（いずれも日本経済新聞出版）などがある。

BOW BOOKS 031

**漂流する資本主義**

**新たなパラダイムを求めて　現代資本主義全史**

発行日　2024年11月30日　第1刷

著者　太田康夫

発行人　干場弓子

発行所　株式会社BOW&PARTNERS
https://www.bow.jp　info@bow.jp

発売所　株式会社 中央経済グループパブリッシング
〒101-0051　東京都千代田区神田神保町1-35
電話 03-3293-3381　FAX 03-3291-4437

ブックデザイン　加藤賢策（LABORATORIES）
編集協力＋DTP　BK's Factory
校正　株式会社 文字工房燦光
印刷所　中央精版印刷株式会社

ⓒYasuo Ohta 2024　Printed in Japan　ISBN978-4-502-51641-2
落丁・乱丁本は、発売所宛てお送りください。送料小社負担にてお取り替えいたします。
定価はカバーに表示してあります。
本書の無断複製、デジタル化は、著作権法上の例外を除き禁じられています。

BOW BOOKS

時代に矢を射る　明日に矢を放つ

## 001 リーダーシップ進化論
### 人類誕生以前からAI時代まで

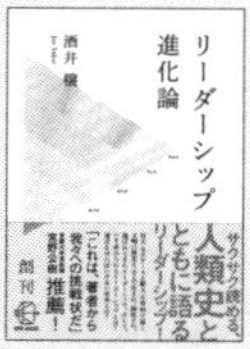

酒井 穣
2200円｜2021年10月30日発行
A5判並製｜408頁
壮大なスケールで描く、文明の歴史と、そこで生まれ、淘汰され、選ばれてきたリーダーシップ。そして、いま求められるリーダーシップとは？

## 002 ミレニアル・スタートアップ
### 新しい価値観で動く社会と会社

裙本 理人
1650円｜2021年10月30日発行
四六判並製｜208頁
創業3年11ヶ月でマザーズ上場。注目の再生医療ベンチャーのリーダーが説く、若い世代を率いる次世代リーダーが大切にしていること。

## 003 PwC Strategy&のビジネスモデル・クリエイション
### 利益を生み出す戦略づくりの教科書

唐木 明子
2970円｜2021年11月30日発行
B5判変型並製｜272頁
豊富な図解と資料で、初心者から経営幹部まで本質を学び、本当に使える、ビジネスモデル・ガイド登場！

## 004 哲学者に学ぶ、問題解決のための視点のカタログ

大竹 稽／
スティーブ・コルベイユ
2200円｜2021年11月30日発行
A5判並製｜288頁
哲学を学ぶな。哲学しろ。ビジネスから人生まで、デカルトからデリダまで33人の哲学者たちによる50の視点。

## 005 元NHKアナウンサーが教える 話し方は3割

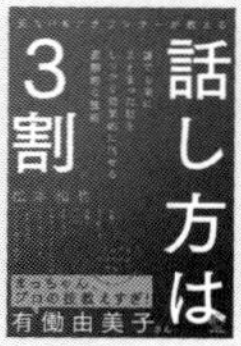

松本 和也
1650円｜2021年12月25日発行
四六判並製｜248頁
有働由美子さん推薦！
「まっちゃん、プロの技、教えすぎ！」スピーチで一番重要なのは、話し方ではなく、話す内容です！

## 006 AI時代のキャリア生存戦略

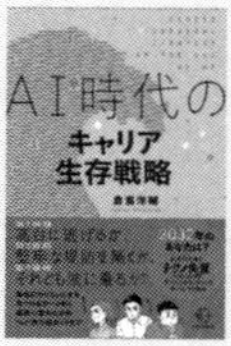

倉嶌 洋輔
1760円｜2022年1月30日発行
A5判変型並製｜248頁
高台（AIが代替しにくい職）に逃げるか、頑丈な堤防を築く（複数領域のスキルをもつ）か、それとも波に乗る（AIを活用し新しい職を創る）か？

## 007 創造力を民主化する
### たった1つのフレームワークと3つの思考法

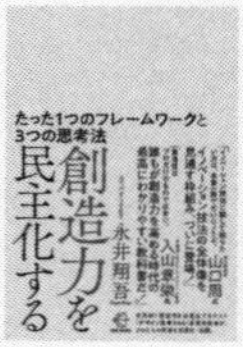

永井 翔吾
2200円｜2022年3月30日発行
四六判並製｜384頁｜2刷
本書があなたの中に眠る創造力を解放する！
創造力は先天的なギフトではない。誰の中にも備わり、後天的に鍛えられるものだ。

## 008 コンサルが読んでる本 100＋α

並木 裕太 編著
青山 正明+藤熊 浩平+白井 英介
2530円｜2022年5月30日発行
A5判並製｜400頁
ありそうでなかった、コンサルタントの仕事のリアルを交えた、コンサル達の頭の中がわかる「本棚」。

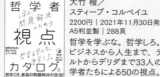

**009** 科学的論理思考のレッスン

高木 敏行／荒川 哲
2200円｜2022年6月30日発行
A5判横イチ並製｜212頁
情報があふれている中、真実を見極めるために、演繹、帰納、アブダクション、データ科学推論の基本を！

**010** 朝日新聞記者がMITのMBAで仕上げた
戦略的ビジネス文章術

野上 英文
2310円｜2022年7月30日発行
四六判並製｜416頁｜2刷
ビジネスパーソンの必修科目！書き始めから仕上げまで、プロフェッショナルの文章術を、すべてのビジネスパーソンに。

**011** わたしが、認知症になったら
介護士の父が記していた20の手紙

原川 大介／加知 輝彦 監修
1540円｜2022年9月30日発行
B6判変型並製｜192頁
85歳以上の55％が認知症!?本書が、認知症、介護に対するあなたの「誤解・後悔・負担・不安」を解消します。

**012** グローバル×AI翻訳時代の
新・日本語練習帳

井上 多惠子
2200円｜2022年9月30日発行
B6判変型並製｜256頁
外国人と仕事するのが普通となった現代のビジネスパーソン必携！ AI翻訳を活用した、世界に通じる日本語力とコミュニケーション力。

**013** 人生のリアルオプション
仕事と投資と人生の
「意思決定論」入門

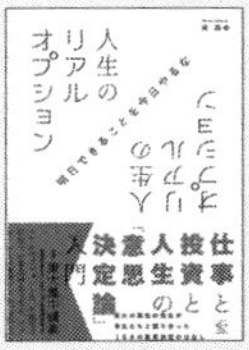


湊 隆幸
2420円｜2022年11月15日発行
四六判並製｜320頁
「明日できることを今日やるな」不確実性はリスクではなく、価値となる。私たち一人ひとりがそのオプション（選択権）を持っている!!

**014** こころのウェルビーイングの
ためにいますぐ、できること

西山 直隆
2090円｜2022年12月25日発行
四六判並製｜320頁
モノは豊かになったのに、なぜココロは豊かになれないんだろう…
幸せと豊かさを手にしていく「感謝」の連鎖を仕組み化！

**015** コンサル脳を鍛える

中村 健太郎
1980円｜2023年2月25日発行
四六判並製｜256頁｜3刷
コンサル本を読んでも同じようにスキルが身につかない？ その答えは「脳の鍛え方」にあった!? すべての人に人生を変える「コンサル脳」を。

**016** はじめての
UXデザイン図鑑

荻原 昂彦
2640円｜2023年3月30日発行
A5判並製｜312頁｜5刷
UXデザインとは、ユーザーの体験設計。商品作りでも販売現場でもDXでも…あらゆる場面でUXデザインが欠かせない時代に必須の一冊！

## 017 コンサル・コード

**プロフェッショナルの行動規範48**

中村 健太郎
2200円｜2023年5月30日発行
四六判上製｜232頁
コンサルファーム新人研修プログラムテキスト本邦初大公開！ コンサルの作法と正しいアクションが学べる実践的スキルブック。

## 018 現代の不安を生きる

**哲学者×禅僧に学ぶ先人たちの智慧**

大竹 稽／松原 信樹
2200円｜2023年6月30日発行
四六判並製｜320頁
不安があってもだいじょうぶ。不安があるからだいじょうぶ。哲学者と禅僧による、不安の正体を知り、不安と上手につきあうための17項目。

## 019 いずれ起業したいな、と思っているきみに 17歳からのスタートアップの授業 アントレプレナー入門

**エンジェル投資家からの10の講義**

古我 知史
2200円｜2023年8月30日発行
四六判並製｜328頁
高校生から社会人まで、「起業」に興味を持ったら最初に読む本！

## 020 いずれ起業したいな、と思っているきみに 17歳からのスタートアップの授業 アントレプレナー列伝

**エンジェル投資家は、起業家のどこを見ているのか？**

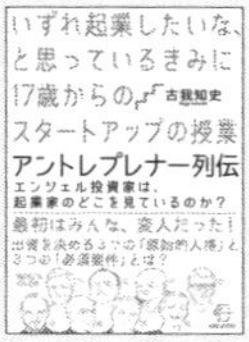


古我 知史
1980円｜2023年10月30日発行
四六判並製｜296頁
起業家はみな変人だった!? 出資を決める3つの「原始的人格」と「必須要件」とは？

## 021 グローバル メガトレンド10

**社会課題にビジネスチャンスを探る105の視点**

岸本 義之
2750円｜2023年11月30日発行
A5判並製｜400頁
これは、未来予測ではない。2050年の必然である。ビジネスで地球と世界の未来を救う若き起業家たちへの希望の書、誕生！

## 022 戦略メイク

**自分の顔は自分でつくる**

池畑 玲香
1870円｜2023年12月25日発行
四六判並製｜272頁
キレイになるだけじゃもったいない。ほしい未来をかなえなくっちゃ！ 働く女性に、ヘアスタイルとメイクアップという女性の「武器」の有効活用法を！

## 023 イノベーション全史

木谷 哲夫
3080円｜2024年3月30日発行
A5判並製｜392頁
産業革命以来のイノベーションとそれにともなう社会の変革を振り返り、今求められる『イノベーションを起こすための条件』を浮き彫りにする。

## 024 ビジネスパーソンに必要な3つの力

山本 哲郎
1980円｜2024年4月30日発行
四六判並製｜336頁
いちばん重要なのに、なぜか会社では教えてもらえない3つのビジネス地頭力！ それは自己基盤力、課題解決力、論理的コミュニケーション力。

## 025 I型さんのための100のスキル

鈴木 奈津美（なつみっくす）
2200円｜2024年4月30日発行
四六判並製｜336頁｜3刷
I型（内向型）のわたしが、内向型の本を100冊読んで、実践して、うまくいっていることベスト100！ 厳選50冊のブックガイド付き！

## 026 100年学習時代
はじめての「学習学」的生き方入門

本間 正人
2530円｜2024年5月30日発行
四六判並製｜344頁｜2刷
教える側に立った「教育学」から、学ぶ側に立った「学習学」へ！
「最終学歴」から「最新学習歴」へ！

## 027 大学図書館司書が教える AI時代の調べ方の教科書

中崎 倫子
2200円｜2024年8月10日発行
四六判並製｜320頁
生成AIを誰もが使う時代だからこそ知っておきたい、正しい情報の集め方・まとめ方。図書館もこんなに進んでいる!? チャートでわかりやすく解説。

## 028 グローバル企業のための新日本型人材マネジメントのすすめ

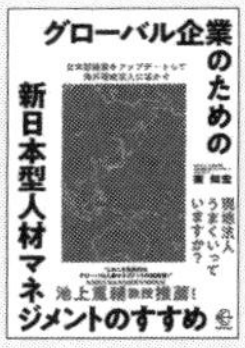


南 知宏
2750円｜2024年8月30日発行
四六判並製｜352頁
現地法人の課題解決に日本型経営の何が使えて、何が不要なのか？ 戦略人事コンサルティングのプロが理論と実践の両面から説く。

## 029 はじめてのメタバースビジネス活用図鑑

今泉 響介
2970円｜2024年9月30日発行
A5判並製｜296頁
100事例で学ぶ、メタバースビジネス活用の今と導入までのステップと成功のポイント。
「はじめて」メタバースをビジネス活用する人向けのテキスト！

## 030 ディープドライバー
ほんとうにやりたいことを言語化する方法

古川 武士
2420円｜2024年10月31日発行
四六判並製｜296頁
やりたいことではなく、やる気の源泉=DEEP DRIVERを見つけよう！ 日本随一の習慣化コンサルタントによる、人生を変える習慣化究極メソッド！

全国主要書店、
オンライン書店、
電子書籍サイトで。
お問い合わせは、
https://www.bow.jp/contact

BOW BOOKS

## 時代に矢を射る　明日に矢を放つ

WORK と LIFE の SHIFT のその先へ。
この数年、時代は大きく動いている。
人々の価値観は大きく変わってきている。
少なくとも、かつて、一世を風靡した時代の旗手たちが説いてきた、
お金、効率、競争、個人といったキーワードは、もはや私たちの心を震わせない。
仕事、成功、そして、人と人との関係、組織との関係、
社会との関係が再定義されようとしている。
幸福の価値基準が変わってきているのだ。

では、その基準とは？　何を指針にした、
どんな働き方、生き方が求められているのか？

大きな変革の時が常にそうであるように、
その渦中は混沌としていて、まだ定かにこれとは見えない。
だからこそ、時代は、次世代の旗手を求めている。
彼らが世界を変える日を待っている。
あるいは、世界を変える人に影響を与える人の発信を待っている。

BOW BOOKS は、そんな彼らの発信の場である。
本の力とは、私たち一人一人の力は小さいかもしれないけれど、
多くの人に、あるいは、特別な誰かに、影響を与えることができることだ。
BOW BOOKS は、世界を変える人に影響を与える次世代の旗手を創出し、
その声という矢を、強靱な弓（BOW）がごとく、
強く遠くに届ける力であり、PARTNER である。

世界は、世界を変える人を待っている。
世界を変える人に影響を与える人を待っている。
それは、あなたかもしれない。

代表　干場弓子